Data-Driven Marketing und der Erfolgsfaktor Mensch

Lutz Klaus

Data-Driven Marketing und der Erfolgsfaktor Mensch

Schlüsselfaktoren und Kernkompetenzen für das Marketing der Zukunft

Lutz Klaus
Marketing ROI Consulting
Berlin, Deutschland

ISBN 978-3-658-20820-2   ISBN 978-3-658-20821-9 (eBook)
https://doi.org/10.1007/978-3-658-20821-9

Die Deutsche Nationalbibliothek verzeichnet diese Publikation in der Deutschen Nationalbibliografie; detaillierte bibliografische Daten sind im Internet über http://dnb.d-nb.de abrufbar.

Springer Gabler
© Springer Fachmedien Wiesbaden GmbH, ein Teil von Springer Nature 2019
Das Werk einschließlich aller seiner Teile ist urheberrechtlich geschützt. Jede Verwertung, die nicht ausdrücklich vom Urheberrechtsgesetz zugelassen ist, bedarf der vorherigen Zustimmung des Verlags. Das gilt insbesondere für Vervielfältigungen, Bearbeitungen, Übersetzungen, Mikroverfilmungen und die Einspeicherung und Verarbeitung in elektronischen Systemen.
Die Wiedergabe von Gebrauchsnamen, Handelsnamen, Warenbezeichnungen usw. in diesem Werk berechtigt auch ohne besondere Kennzeichnung nicht zu der Annahme, dass solche Namen im Sinne der Warenzeichen- und Markenschutz-Gesetzgebung als frei zu betrachten wären und daher von jedermann benutzt werden dürften.
Der Verlag, die Autoren und die Herausgeber gehen davon aus, dass die Angaben und Informationen in diesem Werk zum Zeitpunkt der Veröffentlichung vollständig und korrekt sind. Weder der Verlag noch die Autoren oder die Herausgeber übernehmen, ausdrücklich oder implizit, Gewähr für den Inhalt des Werkes, etwaige Fehler oder Äußerungen. Der Verlag bleibt im Hinblick auf geografische Zuordnungen und Gebietsbezeichnungen in veröffentlichten Karten und Institutionsadressen neutral.

Springer Gabler ist ein Imprint der eingetragenen Gesellschaft Springer Fachmedien Wiesbaden GmbH und ist ein Teil von Springer Nature
Die Anschrift der Gesellschaft ist: Abraham-Lincoln-Str. 46, 65189 Wiesbaden, Germany

Was Sie in diesem Buch finden können

- Warum überdurchschnittliche Fähigkeiten in der Nutzung von Daten den unternehmerischen Erfolg steigern.
- Was genau Data-Driven Marketing ist und warum es für Erfolg in der Digitalisierung wichtig ist.
- Einen handlungsorientierten Bezugsrahmen für Fach- und Führungskräfte mit sieben Schlüsselfaktoren und Kernkompetenzen für die Zukunft.
- Warum Data-Driven Marketing eine Chance ist, Marketing neu zu positionieren.
- Welche Fragen gestellt werden sollten, um datengestützte Vorschläge zu bewerten.
- Welche Einstellungen und Fähigkeiten aus Sicht von Mitarbeitern wichtig sind und wie Sie diese bei sich und in Ihrem Unternehmen fördern können.
- Was Sie tun sollten, um eine datengetriebene Kultur im Unternehmen zu etablieren.

- Viele Beispiele aus der Praxis und Tipps für die Umsetzung sowie relevante Fragen in Bezug auf die strategische Ausrichtung ihres Unternehmens.
- Warum Daten auch Verantwortung bedeuten und wir nicht Erfolg um jeden Preis anstreben sollten.

Für Judith. Danke für jeden Tag.

Geleitwort von Dr. Frank Termer, Bitkom e.V.

Die digitale Transformation ist eine der größten Herausforderungen unserer Zeit. Sie verändert Produkte, Dienstleistungen, Prozesse, Organisationen, Kulturen und Gesellschaften. Im Jahr 2018 sehen deutsche Unternehmen die Digitalisierung mehrheitlich als Bedrohung denn als Chance. Dies ist angesichts der großen Veränderungen und ihrer Geschwindigkeit wenig verwunderlich. Allerdings ist eine solche Einstellung wenig hilfreich, wenn es darum geht, die Digitalisierung erfolgreich zu meistern, denn sie geschieht nicht einfach, sie kann und muss aktiv gestaltet werden! Nicht wenige Unternehmen verspüren Unsicherheit, wenn es um die Frage geht, wie und wo diese Gestaltungsaufgabe zu beginnen ist. Ursächlich dafür ist, dass die Herausforderungen der Digitalen Transformation wohl einzigartig in Art, Umfang und Dimension sind, sodass auf nahezu kein Erfahrungswissen zurückgegriffen werden kann. Die Beschreibung als vierte industrielle Revolution macht dies deutlich, setzt die Entwicklungen unserer heutigen Zeit in einen historischen Kontext und lässt erahnen, wie umfangreich und tiefgreifend die Digitalisierung tatsächlich ist.

In seinem aktuellen Buch *Data-Driven Marketing und der Erfolgsfaktor Mensch* gibt Lutz Klaus nicht nur Orientierung, sondern er greift die Frage nach dem „Wie fange ich bei der Digitalisierung an?" auf und gibt beeindruckend klare Antworten. In der aktuellen Fülle an „Erklärungs- und Beschreibungsliteratur" zur Digitalisierung stellt das vorliegende Buch somit erfrischend konkrete Handlungsempfehlungen bereit, die sich umgehend in die Praxis transferieren lassen. Lutz Klaus macht deutlich, dass es in der Debatte um die Technisierung unserer Welt insbesondere der Faktor Mensch ist, auf den es beim Gelingen der Digitalen Transformation ankommt. Aus der Perspektive des Data-Driven Marketing werden vor allem Kernkompetenzen erläutert und an Beispielen veranschaulicht, mit denen sowohl das Marketing im Speziellen als auch Unternehmen insgesamt erfolgreich in die Zukunft gehen können.

Im Kern des Buchs werden sieben Schlüsselfaktoren und Kernkompetenzen vorgestellt, die Menschen helfen, die Digitalisierung erfolgreich zu gestalten:

- Agilität steigern: Es gilt, neue Ideen, Produkte und Dienstleistungen in einer adäquaten Geschwindigkeit an den Markt zu bringen, um sich gegen Wettbewerber zu behaupten und Kunden einen Mehrwert zu liefern.
- Analytisch Denken: Daten sind zwar ein wesentlicher Bestandteil erfolgreicher Digitalisierung, allerdings liegen die Potenziale in der Verdichtung, Analyse und Aufbereitung. Entscheidend ist, mittels Analyse umsetzbare Erkenntnisse aus Daten zu ziehen.
- Integration fördern: Digitalisierung ist Mannschaftssport und kann daher nicht von Einzelnen, sondern muss gemeinsam von allen umgesetzt werden. Transparenz und Beteiligung aller ist daher Grundvoraussetzung für den Erfolg.
- Kundenorientierung leben: Es gilt, neue digitale Entwicklungen konsequent vom Kunden her zu denken. Digitalisierung sollte nicht technisch getrieben sein, sondern von den Lösungsräumen der Kunden und damit vom Menschen ausgehen.

- Neugierig sein: In einer Zeit, in der Wandel zur einzigen Konstante zu werden scheint, ist eine positive Einstellung zu Veränderungen unabdingbar, um der Geschwindigkeit der Digitalisierung folgen zu können. Dies erfordert Interesse an Neuem, Mut, Bestehendes infrage zu stellen, und Entschlossenheit in der Umsetzung von Ideen.
- Storytelling beherrschen: Um Verbündete für Digitalisierungsprojekte zu gewinnen, Menschen zu motivieren und Visionen zu transportieren sind Geschichten hilfreich, die veranschaulichen, Botschaften senden und Orientierung geben.
- Unternehmerisch handeln: Digitalisierung heißt, über den Tellerrand zu schauen, welche alternativen Geschäftsmodelle und Kooperationsformen für das Unternehmen sinnvoll sind. Zudem ist Digitalisierung kein Selbstzweck. Den Aufwänden und Kosten, die bei der Implementierung von Digitalisierungsprojekten entstehen, muss ein entsprechendes Ergebnis gegenüberstehen.

Lutz Klaus wendet diese Faktoren erfolgreich selbst im vorliegenden Buch an und ist damit bestes Beispiel für seine Thesen.

Nun können Sie am Ende des Buches sagen, dass die vorgestellten Kompetenzen und Schlüsselfaktoren nicht neu sind, sondern schon immer notwendig für die erfolgreiche Umsetzung von Projekten waren. Das mag für einzelne Faktoren sogar stimmen, doch die Kombination und gemeinsame Betrachtung sowie Umsetzung aller sieben Punkte sind essenziell für das Gelingen von Data-Driven Marketing im Zeitalter der Digitalen Transformation.

Hierin liegt genau die Stärke dieses Buchs: Das scheinbar Selbstverständliche konsequent benennen, veranschaulichen und auf den Punkt bringen. Die Botschaft von Lutz Klaus ist glasklar: Konzentrieren Sie sich auf das Wesentliche! Vergessen Sie die Grundlagen nicht! Haben Sie Vertrauen in Ihre Überzeugungen! Und vor allem: Seien Sie selbst der Erfolgsfaktor Mensch!

Berlin
im Juli 2018

Dr. Frank Termer
Bereichsleiter Software
Bitkom e. V.

Vorwort des Autors

Liebe Leserinnen und Leser,
dieses Buch richtet sich an Menschen, die in unserer zunehmend digitalen Welt ihre persönliche Zukunft sowie die ihres Unternehmens erfolgreich gestalten wollen. Es wurde geschrieben für Fach- und Führungskräfte im Marketing, in der Digitalisierung und im Personalbereich, die die Folgen der digitalen Transformation auf unser Arbeitsleben erkennen und konkrete Maßnahmen zur Bewältigung umsetzen möchten.

Es soll vermitteln, welche Einstellungen und Kompetenzen für Erfolg in einer zunehmend datengetriebenen Welt notwendig sind und gleichzeitig Mut machen, die eigene Zukunft verantwortungsvoll in die eigenen Hände zu nehmen.

Wir alle erleben täglich die Auswirkungen, die das Internet und Technologien auf unser Leben im Vergleich zur Situation vor einigen Jahren haben: In der Kommunikation, im Medienkonsum und auch bei unserem Kaufverhalten. Wie bei allen Veränderungen resultieren daraus Chancen und Herausforderungen. Entscheidend ist, wie jeder damit umgeht. Grundlage und gleichzeitig Treibstoff dieser Entwicklung sind

Daten und diese gilt es aus Sicht von Unternehmen wertsteigernd zu nutzen.

Die renommierte Beratungsgesellschaft McKinsey hat bereits vor einigen Jahren den Zusammenhang zwischen Unternehmensergebnissen und der effektiven Nutzung von Kundendaten nachgewiesen. Firmen mit überdurchschnittlichen Fähigkeiten in der Nutzung von Daten rund um kundenrelevante Prozesse generieren signifikant bessere Resultate beim Umsatz, Umsatzwachstum, Gewinn und ROI (McKinsey 2014).

Wenn es um Kundenbeziehungen geht, kommt Marketing ins Spiel und hier ein spezieller Bereich, der sich genau mit dieser Thematik befasst: Data-Driven Marketing. Von jeher hat Marketing die Aufgabe, Kunden zu finden, zu binden und sie weiterzuentwickeln. Diese Aufgabe bleibt auch in Zeiten der Digitalisierung bestehen, jedoch ändern sich die Spielregeln. In Onlinezeiten, in denen oftmals der persönliche Kontakt verloren geht, geben uns Daten wertvolle Informationen über das, was Kunden wirklich wollen. Sie helfen uns, Angebote zu optimieren und den Menschen auf der anderen Seite auf dem von ihm bevorzugten Weg zu erreichen. Sie helfen auch zu verstehen, was funktioniert und was nicht und im Idealfall zukünftige Ergebnisse vorauszusagen.

Aus meiner Sicht bietet diese Entwicklung eine große Chance für Marketing für eine Transformation und Neupositionierung mit dem Ziel, eine strategischere Rolle in Unternehmen zu übernehmen. Voraussetzung dafür ist, dass die notwendigen Maßnahmen umgesetzt werden.

Wenn wir über Transformation reden, spielen drei Faktoren eine Rolle: Mensch, Technologie und Organisation. Dieses Buch konzentriert sich auf den Menschen, da er meines Erachtens den größten Einfluss auf Erfolg oder Scheitern hat. Die beste Technologie und die effektivste Organisation bringt nichts, wenn die Menschen dahinter nicht mitziehen. Diese Einschätzung wird belegt durch Studien und Expertenmeinungen, die von ihren Erfahrungen aus Projekten berichten, bei denen die Einführung neuer Technologien an der fehlenden Adoption durch Mitarbeiter scheiterte.

Grund genug, sich einmal umfassend mit dem Menschen näher zu befassen und was genau getan werden sollte, um die Adoptionsrate positiv zu beeinflussen. Genau das habe ich vor einigen Jahren gestartet. Als Führungskraft mit Personalverantwortung stellte ich mir damals drei Fragen:

1. Was muss ich tun, um meine Mitarbeiter vorzubereiten?
2. Was sollte ich für mein Unternehmen tun, um notwendige Veränderungen einzuleiten?
3. Was heißt das letzten Endes für mich und was muss ich tun, um auch zukünftig den Anforderungen des Marktes gerecht zu werden?

Was folgte waren zahlreiche Gespräche mit Kollegen, Partnern, Technologieanbietern, Analysten sowie flankierende Recherchen in Blogs, auf Kongressen und in einschlägigen Medien. Auf meine Fragen bekam ich zunächst keine zufriedenstellenden Antworten, die mir auf der Suche nach einem handlungsorientierten Rahmen mit allen wichtigen Faktoren weiterhalfen. Ich hörte von „Digital Natives", „Digital Immigrants" sowie „Digital Aliens". Mal wurden Einzelthemen wie Agilität oder analytische Kompetenz in den Vordergrund gestellt, dann wieder die Notwendigkeit zur „richtigen" Einstellung und zum Aufbau der „richtigen" Kultur. Was genau heißt das denn bitte?

Am Anfang war es eine unüberschaubare Menge an Informationen, je nachdem, mit wem ich sprach und welche Erfahrungen der Betroffene gesammelt hatte. Irgendwann jedoch wiederholten sich die Antworten und es wurde ein Muster erkennbar, aus dem letzten Endes die sieben in diesem Buch beschriebenen Schlüsselfaktoren und Kernkompetenzen entstanden. Besonders wertvoll waren Gespräche mit Anbietern von Technologien wie Big Data, Predictive Analytics oder Business Intelligence, die ich nach dem optimalen Nährboden aus Sicht der Nutzer und Mitarbeiter bei ihren Kunden befragte. Wesentliche Erkenntnisse wurden getreu dem Motto „Reduzieren ohne Substanzverlust" zusammengefasst und wo immer möglich mit konkreten Tipps und weiterführenden Hinweisen versehen. Mein Ziel war es, Inhalte einfach und pragmatisch zu formulieren mit Beispielen, aus eigener Erfahrung und Gesprächen, um das Thema einem breiten

Publikum näher zu bringen. Fragen und Anregungen habe ich an den Stellen eingefügt, an denen sich jedes Unternehmen tiefergehend mit Themen befassen sollte, um maßgeschneiderte Ansätze für die Zukunft zu finden.

Die sieben Schlüsselfaktoren und Kernkompetenzen stellen einen Bezugsrahmen dar, der Mitarbeitern zeigen soll, auf welche Einstellungen und Kompetenzen es in Zukunft ankommt – unabhängig davon, ob sie Fach- oder Führungskraft sind.

Das Buch richtet sich an Praktiker, die an konkreten Hinweisen für die Umsetzung interessiert sind. Wie bei den meisten Transformationen reden wir auch hier über einen Prozess, der sich in der Regel über mehrere Jahre hinstreckt und dessen Ende nicht abzusehen ist. Wichtig ist es, anzufangen und Veränderungen mit der notwendigen Dringlichkeit anzugehen, insbesondere weil Entwicklungen in Zeiten der Digitalisierung in vielen Bereichen exponentiell erfolgen und disruptive Geschäftsmodelle traditionelle unternehmerische Ansätze sehr schnell obsolet machen können.

Mein besonderer Dank geht an die Menschen, die mich mit Rat und Tat beim Schreiben dieses Buchs unterstützt haben. Dieses Werk wäre nicht möglich gewesen ohne die folgenden Experten, die mir in persönlichen Gesprächen ihre Erfahrungen schilderten, wertvolle Hinweise gaben und halfen, die sieben Schlüsselfaktoren und Kernkompetenzen zu identifizieren, zu validieren und mit konkreten Inhalten zu füllen:

- Dr. Alexander Beck, Data Science Practice Lead bei ec4u expert consulting
- Falk Bothe, Director Digital Transformation Office bei Volkswagen
- Prof. Dr. Claudia Bünte, Studiengangsleiter Internationale BWL mit Schwerpunkt Marketing an der SRH Hochschule Berlin
- Dr. Björn Goerke, Co-Founder und CEO bei gpredictive
- Wesam Iwas, Investment Scout und Stratege bei Amplifier
- Reinhard Janning, Vorstandsmitglied und Chief Digital Officer bei ec4u expert consulting
- Wolfgang Roesch, Regional Vice President Transformational Consulting bei Salesforce
- Martin Schmiedel, Geschäftsführer von Digitaltreiber

- Sascha Stürze, Gründer & CPO von Analyx
- Martin Szugat, Gründer & Geschäftsführer von Datentreiber und Organisator der Predictive Analytics World

Eventuelle Fehler sind allein mir zuzuschreiben und nicht dem tiefen Wissen dieser Experten. Für entsprechende Hinweise oder auch andere konstruktive Vorschläge wäre ich, auch im Hinblick auf eine Neuauflage, dankbar. Sie erreichen mich am besten per E-Mail unter lklaus@marketing-roi.eu.

Ein besonderer Dank geht an Dr. Frank Termer vom Bitkom für seine Bereitschaft, das Geleitwort zu diesem Buch zu schreiben. Als Mitglied des Verbandes durfte ich ihn in persönlichen Gesprächen sowie bei der Leitung von Arbeitskreisen als kompetenten Ansprechpartner kennenlernen, der die Themen Digitalisierung und datengetriebene Unternehmensführung auf vielen Ebenen vorantreibt.

Auch bei Imke Sander bedanke ich mich herzlich, die das Werk als Lektorin beim Springer Gabler Verlag redaktionell betreut und zum Abschluss gebracht hat.

Zudem danke ich meinen Eltern Dieter und Sigrid Klaus für ihre liebevolle Ermutigung in all den Jahren und besonders meinem Vater, der mich immer wieder motiviert hat, trotz der Flut an Anglizismen und Fachbegriffen in unserer Branche, wo immer möglich die deutsche Sprache zu verwenden.

Natürlich darf meine Familie nicht fehlen, die mich in den vergangenen Monaten immer wieder ermuntert hat: Meine Töchter Angelina, Rebecca und Helena sowie mein Schwiegersohn Tim und mein Schwiegerfreund Frederik. Zum Schluss und gleichzeitig an erster Stelle meine geliebte Ehefrau Judith. Danke für Deine Unterstützung seit 34 Jahren, die ansteckende Begeisterungsfähigkeit und die vielen guten Impulse in meinem Leben. Ihr seid ein großer Segen!

Nun wünsche ich allen Lesern viel Vergnügen mit diesem Buch und hoffe, dass sie darin wertvolle Hinweise für die erfolgreiche Gestaltung ihrer persönlichen sowie beruflichen Zukunft finden.

Berlin
im Juli 2018

Lutz Klaus

Literatur

McKinsey. (2014). Five facts: How customer analytics boosts corporate performance. Juli 2014. www.mckinsey.com/business-functions/marketing-and-sales/our-insights/five-facts-how-customer-analytics-boosts-corporate-performance. Zugegriffen: 3. Juli 2018.

Inhaltsverzeichnis

1	**Einleitung**	1
1.1	Handlungsbedarf Mitarbeiterqualifikation	1
1.2	Was Data-Driven Marketing ist und warum es eine Riesenchance darstellt	4
	Literatur	6
2	**Agilität steigern**	9
	Literatur	14
3	**Analytisch denken**	17
	Literatur	32
4	**Integration fördern**	33
	Literatur	38
5	**Kundenorientierung leben**	39
	Literatur	44

6	**Neugierig sein**	45
	Literatur	48
7	**Storytelling beherrschen**	49
	Literatur	53
8	**Unternehmerisch handeln**	55
	Literatur	62
9	**Ethik und die Verantwortung für Daten: Kein Erfolg um jeden Preis**	63
	Literatur	67

Über den Autor

Lutz Klaus ist Experte für Data-Driven Marketing und Marketing ROI. Er hat 30 Jahre internationale Marketing- und Vertriebserfahrung. Von 1996 bis 2016 war er in verschiedenen Führungspositionen in der ITK-Branche tätig. 2016 gründete er seine eigene Unternehmensberatung und unterstützt Kunden bei der erfolgreichen Umsetzung von datengetriebenem Marketing und dabei, den wirtschaftlichen Mehrwert ihrer Marketingmaßnahmen zu verdeutlichen. Klaus ist Gastdozent an der Dualen Hochschule Baden-Württemberg (DHBW) Mannheim und der SRH Hochschule in Berlin sowie Redner auf öffentlichen Veranstaltungen. Privat ist er verheiratet und Vater von drei Töchtern. Im Dreiklang zwischen Mensch, Technologie und Organisation spielt für ihn der Mensch die Hauptrolle in der Transformation von Unternehmen.

Website: www.marketing-roi.eu

1 Einleitung

Zusammenfassung Mit Data-Driven Marketing können Unternehmen bessere Entscheidungen treffen und Ergebnisse optimieren. Um Daten sinnvoll zu sammeln, sie zu analysieren und anwendbar zu machen, sind bei Mitarbeitern die richtigen Einstellungen und Kompetenzen notwendig. Technologie ist Teil eines erfolgreichen Ansatzes, wenn qualifizierte Menschen sie einsetzen. Ob Fach- oder Führungskraft: Für alle sollte ein grundlegendes Verständnis für Daten und ihre Anwendbarkeit selbstverständlich werden, um die persönliche und berufliche Zukunft erfolgreich zu gestalten.

1.1 Handlungsbedarf Mitarbeiterqualifikation

Es wurden schon so viele Beiträge über die Auswirkungen der Digitalisierung auf Unternehmen geschrieben, dass ich mich an dieser Stelle kurzhalten möchte. Das Thema ist in den Köpfen der meisten Verantwortlichen angekommen. Die Erkenntnis ist da und jetzt geht es um konkrete Schritte zur Umsetzung.

In Bezug auf die digitale Arbeitswelt besteht großer Bedarf bei der Mitarbeiterqualifikation. Laut einer BITKOM-Studie vom November 2017 (Abb. 1.1) sieht sich ein Großteil der Berufstätigen nicht für die digitale Arbeitswelt gerüstet. Während drei Viertel Digitales als neue Kernkompetenz sehen, haben sieben von zehn Mitarbeitern im Job keine Zeit für Weiterbildungen.

Dazu passt auch eine andere Studie aus 2017, nach der knapp 60 % der deutschen Großunternehmen ihre Mitarbeiter für nicht ausreichend qualifiziert für den digitalen Wandel halten (etventure/GfK/YouGov 2017).

Aus Unternehmenssicht ist der zukünftige Erfolg von der Qualifikation des Personals abhängig. Während viele Manager vor einiger Zeit nur auf Beispiele aus dem Silicon Valley geschaut haben, ist jetzt deutlich Bewegung in den Markt gekommen. Unternehmer verstehen, dass es um weit mehr geht als die Digitalisierung von Produkten oder digitale Kommunikation. Es kann um nicht weniger als die komplette Umgestaltung eines Unternehmens gehen, in jedem Fall jedoch um eine Überprüfung bestehender Ansätze.

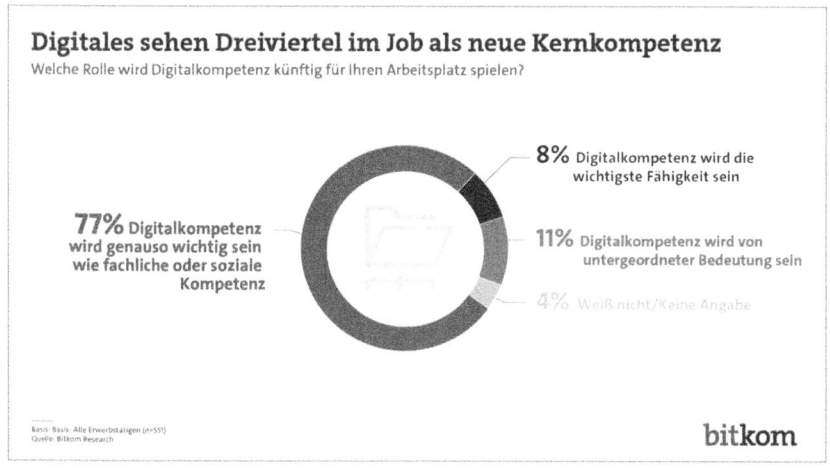

Abb. 1.1 Berufstätige sehen sich nicht für digitale Arbeitswelt gerüstet. (Quelle: Bitkom 2017)

Auf die Frage, wo Unternehmen die stärksten Effekte der Digitalisierung spüren, liefert eine Untersuchung von Bitkom Research und Tata Consulting Services von 2017 die Antwort: 52 % sehen kundennahe Bereiche wie Marketing und Vertrieb an erster Stelle, was einem Zuwachs in Höhe von zehn Prozentpunkten gegenüber 2016 entspricht (Tata Consultancy und Bitkom Research 2017).

Technologie ist generell nur ein Teil der Antwort. Natürlich benötigen Unternehmen die notwendigen Werkzeuge, um angesichts der zunehmenden Komplexität und Vielzahl an Kanälen den Überblick zu behalten und Entwicklungen beeinflussen zu können. Es existieren aber immer mehr davon im Marketing wie Scott Brinker in seiner seit 2012 jährlich erscheinenden Übersicht anschaulich nachweist (Tab. 1.1).

Aus Sicht der Verantwortlichen ergibt sich daraus ein Dilemma: Einerseits kann niemand den Überblick behalten, auf der anderen Seite könnte man wichtige Trends und Entwicklungen verpassen. Genau deswegen ist es wichtig, Technologie immer unternehmensspezifisch auf Basis der verfolgten Ziele einzusetzen – und die Menschen von Anfang an mitzunehmen.

Viele technologiezentrierte Projekte scheitern an der fehlenden Adoption durch die Mitarbeiter. Analysten sprechen von bis zu 80 % im Fall von Customer Analytics. Die frühe Einbindung, verbunden mit konkreten Anwendungsbeispielen und operativen Projekten sichert die Akzeptanz und Nutzung von Tools.

Darüber hinaus besteht auch bei jedem Mitarbeiter die Verantwortung, selber aktiv zu werden, nach dem Motto „Wenn ich mich nicht weiterbilde, sinkt mein Wert". Insofern sollte auch hier ein persönliches

Tab. 1.1 Wachstum des Angebotes an Marketingtechnologien von 2012–2018. (Quelle: Brinker 2018)

Jahr	Ungefähre Anzahl an verfügbaren Marketingtechnologien
2012	150
2013	350
2014	1000
2015	2000
2016	3500
2017	5000
2018	7000

Interesse bestehen, tätig zu werden, das Thema im Unternehmen und bei Vorgesetzten zu adressieren und aktiv nach Unterstützung zu fragen. Data-Driven Marketing sollte als Chance angesehen werden, Marketing und seine Rolle vollkommen neu zu definieren.

1.2 Was Data-Driven Marketing ist und warum es eine Riesenchance darstellt

Digitalisierung hat mit Daten zu tun und wenn sie das neue Öl sind, benötigen Unternehmen eine Raffinerie zur Aufbereitung und Verwertung. Genau darum geht es beim Data-Driven Marketing. Data-Driven Marketing beinhaltet den aktiven Einsatz von Analytics für bessere Entscheidungen und den laufenden Austausch im Unternehmen zur Ergebnisoptimierung.

> Data-Driven Marketing beinhaltet den aktiven Einsatz von Analytics für bessere Entscheidungen und den laufenden Austausch im Unternehmen zur Ergebnisoptimierung (Marketing ROI Consulting 2018).

Mitarbeiter benötigen ein grundsätzliches Verständnis dafür, was es heißt, Daten systematisch zu sammeln, aufzubereiten und daraus die richtigen Erkenntnisse zu ziehen. Digitalisierung hat viel mit Selbstbedienung zu tun. Egal welche Rolle sie haben, ob Fach- oder Führungskraft: Sie sollten die Grundkenntnisse datengetriebener Ansätze verstehen oder beherrschen, um zukünftig mitreden zu können. Wir können davon ausgehen, dass zukünftig mehr und mehr Projekte, Kampagnen und Strategien datengetrieben erfolgen und Vorschläge auf Basis von Data Science bewertet werden müssen. Wer sich nicht auskennt, kann Gutes von Schlechtem nicht unterscheiden.

Data-Driven Marketing mindert nicht die Bedeutung der Kreativität. Im Gegenteil, es unterstützt bei der Auswahl der besten Lösung. Es reduziert auch nicht den Bedarf an Spezialisten, die aus jeder Taktik, jedem Kanal das Maximum rausholen, und uns dadurch immer wieder überraschen. Es ergänzt bestehende Erfahrungen und Bauchgefühl mit einer objektiven Bewertung.

Früher und auch heute noch denken viele Menschen bei Marketing an Positionierung und Bekanntheitsgrad. Andere an Kampagnen, Events oder Webseiten, oftmals mit dem Ziel, qualifizierte Leads für den Vertrieb zu generieren. Kampagnen und langfristig geplante Aktivitäten werden auch in Zukunft integraler Bestandteil von Marketing sein. Sicherlich haben Sie in Ihrem Kalender auch feste Events oder Aktionen und nutzen möglicherweise „Black Fridays" oder „Cyber Mondays", um Ihre Umsätze zu steigern.

Vielleicht gehören Sie schon zu den Unternehmen, die Marketing Automation und eventbasierte Ansätze einsetzen, um Ihre Kunden auf Basis bestimmter Auslöser („Trigger") zu kontaktieren. Konkrete Signale können der Besuch Ihrer Webseite und das Herunterladen bestimmter Dokumente sein, der Besuch von Webinaren, bevorstehende externe Ereignisse wie Feiertage oder einfach der Geburtstag. Daten und Automatisierung werden hier zunehmend wichtig, wenn es um Timing, Personalisierung und bedarfsgerechte Angebote geht.

Beim Data-Driven Marketing geht es jedoch um mehr: Einer der wesentlichen Unterschiede zum klassischen (digitalen) Marketing besteht darin, dass Daten zur Gestaltung der Zukunft verwendet werden. Es geht darum, wiederkehrende Muster zu erkennen, die bei der Optimierung des Angebots und dem Setzen der richtigen Investitionsschwerpunkte unterstützen. Konsequent umgesetzt entwickelt sich Marketing zu einer leistungsbezogenen Einheit, die in der Lage ist, Kunden umfassend während des gesamten Kaufprozesses und auch danach zur Förderung von Loyalität und Folgeumsätzen zu betreuen. Marketing bekommt eine zentrale Bedeutung und verantwortet nicht nur einzelne Phasen. Data-Driven Marketing stellt dadurch eine Riesenchance dar, sofern Marketingleiter und ihre Teams sich den Herausforderungen aktiv stellen.

> „Mathematik, Daten und Fakten waren noch nie die Freunde des klassischen Marketings gewesen", so Prof. Marc Fischer. „Sie sollten es jedoch werden" (Horizont online 2017).

Um bei Mitarbeitern die Voraussetzungen für eine erfolgreiche Umsetzung zu schaffen, bedarf es einer Kombination aus richtigen Einstellungen und Fähigkeiten. Die nachfolgenden sieben Schlüsselfaktoren und Kernkompetenzen sind das Ergebnis aus Kundenprojekten, langjähriger Erfahrung, intensiver Recherche und unzähligen Expertengesprächen, um genau dies zu erreichen. Sie sind ein integrierter Bezugsrahmen, der wesentliche Faktoren vereint. Nicht jeder Mitarbeiter muss (und wird) alles können, aber im Team sollten die einzelnen Themen bekannt sein, besprochen und nach Möglichkeit umgesetzt werden.

Literatur

Bitkom. (2017). Berufstätige sehen sich nicht für digitale Arbeitswelt gerüstet, 17. Nov. www.bitkom.org/Presse/Presseinformation/Berufstaetige-sehen-sich-nicht-fuer-digitale-Arbeitswelt-geruestet.html. Zugegriffen: 4. Juli 2018.

Brinker, S. (2018). Chiefmartec: Marketing Technology Landscape, April. https://chiefmartec.com/2018/04/marketing-technology-landscape-supergraphic-2018. Zugegriffen: 4. Juli 2018.

Etventure, GfK & YouGov USA. (2017). etventure-Studie Digitale Transformation 2017: Die deutschen Unternehmen sind zu langsam und zu unflexibel. www.etventure.de/blog/etventure-studie-digitale-transformation-2017-die-deutschen-unternehmen-sind-zu-langsam-und-zu-unflexibel/. Zugegriffen: 4. Juli 2018.

Tata Consultancy und Bitkom Research. (2017). Deutschland endlich auf dem Sprung? https://studie-digitalisierung.de. Zugegriffen: 4. Juli 2018.

Marketing ROI Consulting. (2018). Definition Marketing ROI und Data-Driven Marketing. www.marketing-roi.eu/glossar. Zugegriffen: 4. Juli 2018.

Horizont online. (2017). Mathematik, Daten und Fakten waren nie die Freunde des klassischen Marketings, 28. Apr. https://www.horizont.net/marketing/nachrichten/Marketing-Analytics-Mathematik-Daten-und-Fakten-waren-noch-nie-die-Freunde-des-klassischen-Marketings-157673utm_source=AxCon+2016&utm_campaign=5d9f2b56a4-EMAIL_CAMPAIGN_2017_04_13&utm_medium=email&utm_term=0_5af229021d-5d9f2b56a4-200074713. Zugegriffen: 3. Juli 2018.

Weiterführender Link

McKinsey: Agile marketing: A step-by-step guide, November (2016). www.mckinsey.com/business-functions/marketing-and-sales/our-insights/agile-marketing-a-step-by-step-guide?cid=other-eml-alt-mip-mck-oth-1708&hlkid=43abd1fd048f4cf1bc79e35221a12ea8&hctky=1815470&hdpid=b7d68b3d-c9e3-47c8-bfbf-46c90f903cd9. Zugegriffen: 4. Juli 2018.

2

Agilität steigern

The only way to win is to learn faster than anyone else.
(Eric Ries, Silicon Valley Unternehmer und Autor).

Zusammenfassung Agilität heißt, eine Idee am Morgen zu haben und nachmittags im Markt zu sein. Agilität ist jedoch mehr als Schnelligkeit. Es geht um Beweglichkeit und die Fähigkeit, umgehend auf sich ändernde Marktgegebenheiten zu reagieren. Unternehmen sollten eine Umgebung aufbauen, um Ideen schnell zu testen, effektiv zu messen und Erkenntnisse unmittelbar umzusetzen.

> **Erfahrungen aus der Praxis**
> Wenn ich in der Vergangenheit eine neue Stelle als Marketingleiter antrat, war eine meiner ersten Fragen, wie lange es in der Regel dauert, bis eine Idee umgesetzt wird und wir beispielsweise mit einer neuen Kampagne im Markt sein können. „Stellt Euch vor", so lautete die Frage, „ein Wettbewerber kündigt ein strategisches Produkt ab und wir wollen reagieren. Wie lange brauchen wir, bis wir Kunden und Interessenten kontaktieren können?" Die Antwort war mehr als einmal „ein paar Wochen,

> wenn nicht Monate". Der Grund hierfür waren interne Abstimmungen, unklare Verantwortungen, notwendige Budgetfreigaben, interne und externe Prozesse, zusätzlicher Zeitbedarf für die Genehmigung von der Rechtsabteilung usw.

Wir leben in einer Echtzeitgesellschaft. Die Ungeduld ist massiv gestiegen. Das „Jetzt" und „Wann ich will" ist das Maß aller Dinge. Amazon Prime ist nur eine Antwort auf diesen Trend. Netflix und zeitlich flexible Streaming-Angebote eine andere. Wenn Anfragen nicht schnell erledigt werden, suchen Kunden andere Lösungen. Wer nicht in der Lage ist, die Erwartungen zu erfüllen, wird weggeklickt. Keiner mag mehr warten und langsame Reaktionszeiten von Unternehmen werden als Indiz für schlechten Kundenservice gedeutet. Langsame Antwortzeiten sind laut einer Untersuchung von McKinsey der Hauptgrund für einen Anbieterwechsel (vgl. Abb. 2.1).

Die Notwendigkeit zur Steigerung der Agilität betrifft das ganze Unternehmen. Agil heißt, beweglich und schnell auf sich ändernde Marktgegebenheiten zu reagieren. Nach dem Motto: „Hier passiert etwas und wir müssen etwas tun". Je agiler eine Organisation ist, desto schneller kann sie auf sich bietende Chancen reagieren, Ressourcen umverteilen und neue Produkte an den Markt bringen. Agilität wird zur Bedingung für Erfolg. Generell sollten alle kundenrelevanten Prozesse angeschaut und bei Bedarf optimiert werden. Dazu gehören Anfragen zur Kontaktaufnahme, Bestellungen, Reklamationen usw. Eine zu hohe Komplexität im Unternehmen kann ein wesentlicher Hinderungsgrund dafür sein.

Was heißt das für Marketing? Hier sind diejenigen Funktionen besonders betroffen, die sich mit externen, kundenbezogenen Aufgaben befassen wie Content Management, Social Media, Kampagnenmanagement und Onlinemarketing.

An dieser Stelle wollen wir einen Prozess behandeln, der für datengetriebenes Marketing elementar ist: Wie lange dauert es, mit einer neuen Idee im Markt zu sein und wie können wir systematisch lernen sowie unsere Ergebnisse optimieren?

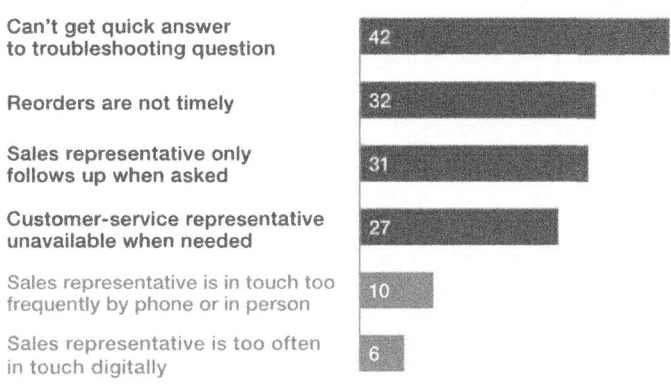

Abb. 2.1 Langsame Antwortzeiten steigern das Risiko, Kunden zu verlieren. (Quelle: McKinsey&Company 2017)

Einer der Vorreiter für die schnelle Umsetzung von Ideen in Unternehmen ist Eric Ries, der 2011 sein Buch „The Lean Startup" (deutsch: Lean Startup – Schnell, risikolos und erfolgreich Unternehmen gründen) veröffentlicht hat. Allen Lesern, die Interesse an dem Thema haben, sei dieses Buch als weitere Lektüre empfohlen. Der nachfolgende Prozess ist an seinen Ansatz angelehnt und in Abb. 2.2 dargestellt.

Die Agilität eines Unternehmens zeigt sich hier konkret in der Umsetzungsgeschwindigkeit einer Idee einschließlich Tests in Verbindung mit Dokumentation und Lernfähigkeit für optimalere Ergebnisse.

Am Anfang steht die Idee. Diese kann die Optimierung der Customer Journey im Web sein, eine Kampagne zur Adressierung eines neuen Segments oder ein komplett neues Produkt – je nach Priorität. Dann sollte das Ziel definiert werden. Was wollen wir genau erreichen? Was heißt Erfolg und wie wird er gemessen? Im Anschluss

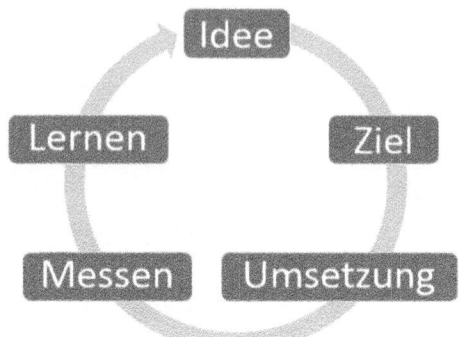

Abb. 2.2 Agiler Prozess von der Idee bis zur Evaluierung

geht es an die Umsetzung. Produkt- oder serviceorientierte Teams von 5–7 Mitarbeitern sind oftmals am effektivsten. Ein kleineres Kernteam, bestehend beispielsweise aus einem Projektleiter, Datenexperten, Content Marketing und Onlinemarketing ist ratsam, um den Prozess anzustoßen. Je nach Bedarf sollten im Anschluss andere Teammitglieder wie die Rechtsabteilung zur Genehmigung hinzugezogen werden.

Empfehlenswert ist zudem ein klarer Fokus aller Beteiligten auf das Projekt, zum Beispiel 80 % ihrer zur Verfügung stehenden Zeit. Regelmäßige, bei Bedarf tägliche Treffen in einem eigens dafür reservierten Raum helfen ebenso wie ein genau definierter Zeitrahmen bis zum Abschluss des Projekts mit einer Entscheidung, ob es umgesetzt oder gestrichen wird. Um zu lernen, müssen Sie Dinge ausprobieren, die Ergebnisse messen und optimieren. Über einen iterativen Prozess wird so die optimale Lösung gefunden.

Es besteht noch ein anderer wichtiger Grund zum Ausprobieren: Um eine solide Grundlage für das Modellieren verschiedener Szenarien in der Zukunft zu haben (das sogenannte „Modeling"), benötigen Unternehmen eine Varianz der Daten über mehrere Perioden. Anders ausgedrückt sollten bei Kampagnen oder auf der Webseite Variablen gezielt geändert werden, um mögliche Optimierungspotenziale zu erkennen. Ob in A/B Tests oder in anderen Verfahren: Wichtig ist, für bestimmte Zeiträume immer nur eine Variable zu verändern, um den isolierten Effekt feststellen zu können. Um aussagekräftige Daten zu erhalten sind aus Sicht von Experten Daten aus mindestens drei aufeinanderfolgenden Jahren oder Perioden notwendig. Mehr hierzu im Kapital „Analytisch denken".

Was können Unternehmen tun, die sich hier verbessern wollen? Am besten so schnell wie möglich konkret werden. Wählen Sie eine Idee für ein neues Produkt oder ein kundenrelevantes Problem, das sie lösen wollen und fangen Sie an, diesen Prozess umzusetzen, zu dokumentieren und zu optimieren. Fragen Sie sich, wie lange dieser Prozess in der Regel heute dauert und auf welche Zeit sie ihn reduzieren wollen. Nachfolgend einige Fragen zur Unterstützung:

- Worin bestehen die größten zeitlichen Hindernisse?
- Wen benötige ich im Kernteam und wen im erweiterten Team?
- Wer entscheidet was?
- Welche (Daten-)Basis benötigen wir für Entscheidungen?
- Haben die verantwortlichen Mitarbeiter Zugriff auf die notwendigen Daten?
- Wer gibt Budgets frei?
- Wer autorisiert die Inhalte?
- Wer stellt Daten von relevanten Kunden und Interessenten bereit?
- Finden die Schritte parallel oder sequenziell hintereinander statt?
- Haben wir die notwendigen Kompetenzen und Kapazitäten intern oder müssen wir auf externe Ressourcen zugreifen?
- Welche Prozesse behindern eine schnelle Umsetzung?
- Gibt es Service-Level-Agreements (SLAs) zur Erledigung der Aufgaben?

Organisationen sind immer nur so schnell wie der langsamste Teil des Prozesses. Diesen gilt es zu identifizieren und zu beheben. Entscheidungen sollten nach Möglichkeit an der richtigen Stelle getroffen werden, und zwar dort, wo die Probleme sind. Eigenverantwortung sollte gefördert werden im Rahmen einer Vertrauenskultur und tendenziell flachen Hierarchien.

Noch ein Hinweis am Ende: Agilität sollte nicht verwechselt werden mit unüberlegter Hast. Deswegen ist die Definition des Ziels beziehungsweise ein klares Briefing an das Team so wichtig, verbunden mit der Pflicht, die Ergebnisse unabhängig von Erfolg oder Scheitern zu dokumentieren (mehr hierzu im Kapitel Schlüsselfaktor 2: Analytisch denken). Scheitern ist Teil des Prozesses, sollte jedoch ausschließlich als notwendiges Übel auf dem Weg zu besseren Ergebnissen angesehen werden.

> **Anregungen, Aktionen und weiterführende Fragen**
> - Wie lange benötigen Sie heute, um Ideen zu testen und im Markt umzusetzen?
> - Wen benötigen Sie hierfür im Kernteam und wen im erweiterten Team?
> - Wie lange brauchen Sie, um eine Kampagne umzusetzen von der Idee über die Entwicklung bis zum Launch?
> - Wie viele Kollegen und Systeme sind in Entscheidungen für neue Produkte involviert?
> - Ist ihr Budgetprozess agil oder warten Sie regelmäßig auf Genehmigungen, zum Beispiel am Anfang des Geschäftsjahres bei der Genehmigung des Marketingplans?
> - Wie lange dauert es, bis Sie externe Partner in Projekte einbinden können?
> - Wie oft messen Sie Ergebnisse und reagieren auf Veränderungen?
> - Wie dokumentieren Sie Lehren und Fehler aus Projekten?
> - Nutzen Sie das RASCI-Modell zur Klärung von Verantwortlichkeiten.
> - Beschäftigen Sie sich mit agilen Arbeitsmethoden wie SCRUM oder Kanban. Schulen Sie Ihre Mitarbeiter und nehmen Sie von Anfang an konkrete Ideen und Fragestellungen als Grundlage.

Literatur

McKinsey&Company. (2017). When B2B buyers want to go digital – and when they don't, August. www.mckinsey.com/business-functions/digital-mckinsey/our-insights/when-b2b-buyers-want-to-go-digital-and-when-they-dont. Zugegriffen: 4. Juli 2018.

Ries, E. (2011). *The lean startup*. Massachusetts: Crown Pub Inc.

Weiterführende Literatur und Links

7 Simple Ways to Make Your Marketing More Agile. https://marketinginsidergroup.com/strategy/7-simple-ways-make-marketing-agile/?utm_source=B2B+Marketing+Insider&utm_campaign=ac1b9b3853-Marketing+Insider+Group+Top+Posts+Subscribers&utm_medium=email&utm_term=0_40b372c1a0-ac1b9b3853-108369265&mc_cid=ac1b9b3853&mc_eid=9ccbd21f24.

CMO. (2017). CMO insights on the journey towards digital agility. A CMO solution guide, presented by the CMO club in partnership with Accelent consulting and oracle marketing cloud.

Edelman, D., Heller, J., & Spittaels, S. (2016). Agile marketing: A step-by-step guide. https://www.mckinsey.com/business-functions/marketing-and-sales/our-insights/agile-marketing-a-step-by-step-guide?cid=other-eml-alt-mip-mck-oth-1708&hlkid=43abd1fd048f4cf1bc79e35221a12ea8&hctky=1815470&hdpid=b7d68b3d-c9e3-47c8-bfbf-46c90f903cd9.

Sweetwood, A. (2016). The analytical marketer. Brighton: Harvard Business Review Press.

3
Analytisch denken

Data is the new oil. It's valuable, but if unrefined it cannot really be used. It has to be changed into gas, plastic, chemicals, etc. to create a valuable entity that drives profitable activity; so must data be broken down, analyzed for it to have value. (Clive Humby, englischer Mathematiker und Architekt von Tesco's Clubcard im Jahre 2006, dem allgemein als erstem Experten das Zitat „Daten sind das neue Öl" zugeordnet wird).

Zusammenfassung Beim analytischen Denken geht es darum, Dinge von Grund auf zu verstehen. Zu wissen wie es geht und wie Ergebnisse verbessert werden können. Mitarbeiter und Vorgesetzte sollten eigene Erfahrungen durch Daten evaluieren, um bessere Entscheidungen zu treffen. Dazu gehören bestimmte Grundkenntnisse zur Nutzung von Daten einschließlich der Fähigkeit, Sachverhalte mit Zahlen zu untermauern. Ohne Daten sind Aussagen nur eine Meinung.

Wer kennt das nicht: Die eine Kampagne ist gerade erfolgreich am Start, da steht schon eine weitere Messe an. Eine Aktivität jagt die nächste und angesichts des Umsetzungsdrucks bleibt eine gründliche

Analyse oftmals auf der Strecke. Betroffene bemerken das regelmäßig, sobald eine Veranstaltung im Folgejahr wieder ansteht. Wie war das noch beim letzten Mal? Was wollten wir erreichen und was waren konkret die Ergebnisse?

Wer in der datengetriebenen Welt erfolgreich sein möchte, muss sich genügend Zeit für die Analyse nehmen und auch über die notwendigen Methoden sowie Technologien verfügen. Er muss in der Lage sein, Daten systematisch zu sammeln und aufzubereiten, um sie als Entscheidungsgrundlage nutzen zu können. Daten sind ein Rohstoff, der verarbeitet werden muss, bevor er genutzt werden kann. Genau wie in der Grundschule beim Lesen und Schreiben benötigen wir die notwendigen Fähigkeiten zur selbstständigen Umsetzung.

Ein erster wichtiger Aspekt ist die Einstellung zu Messbarkeit. Messen steht bei vielen bewusst oder unbewusst für Kontrolle. Das weckt negative Gefühle und Erfahrungen, die das Verhalten beeinflussen. Es ist an der Zeit, diese Einstellung über Bord zu werfen und ein neues Denken zu etablieren:

> Effektives Messen und die operative Umsetzung der gewonnenen Erkenntnisse ist eine wesentliche Erfolgsvoraussetzung in der digitalen Welt.

An zweiter Stelle geht es nicht um zusätzliche Tools oder Technologien, sondern um analytisches Denken. Analytisches Denken steht für die Fähigkeit, Sachverhalte und Probleme zu erfassen, logisch zu strukturieren und darauf basierend Lösungsansätze zu erarbeiten. Es geht darum, Zusammenhänge zu erkennen, Situationen richtig zu interpretieren und diese nachvollziehbar darzustellen (vgl. Campusjäger 2018).

Zusammengefasst heißt analytisches Denken:

- Situationen nachvollziehbar reflektieren zu können,
- Sachverhalte und Problemstellungen kontextuell einzuordnen,
- Aufgaben und Situationen logisch in einzelne Schritte zu unterteilen,
- Aufgaben strukturiert anzugehen,
- Zusammenhänge logisch zu erfassen und zu interpretieren, um eine Lösung zu finden.

3 Analytisch denken

Bezüglich der Fähigkeiten stellen sich drei wichtige Fragen:
1. Was sind relevante Fragen in Bezug auf Ziele und wie bewerte ich interne und externe datengestützte Vorschläge?
2. Woher wissen wir, wo wir in unserer Entwicklung stehen und was die nächsten Schritte sein sollten?
3. Wie bauen wir das notwendige Know-how in unserem Unternehmen auf?

Wie Sie an diese drei Fragen herangehen, erfahren Sie im Folgenden.

Zu Frage 1: Was sind relevante Fragen in Bezug auf Ziele und wie bewerte ich interne und externe datengestützte Vorschläge?

> **Erfahrungen aus der Praxis**
>
> „Wer sind unsere besten Kunden?" ist eine beliebte Frage von Marketing und Vertrieb an Datenanalysten, die so nicht beantwortet werden kann. Was genau beschreibt einen „guten" Kunden? Nachfolgend ein paar Kriterien, die über Daten gemessen werden können, wobei jeweils auch der Zeitraum angegeben werden muss:
>
> - absoluter Umsatz
> - durchschnittlicher Umsatz
> - Wachstumsraten
> - Deckungsbeitrag
> - Häufigkeit von Käufen
> - Dauer der Kundenbeziehung
> - Anzahl an Empfehlungen über Social Media
>
> Analysten benötigen Fragestellungen, die sich mit Daten beantworten lassen. Die Definition „guter Kunde" kann auch in einer Kombination verschiedener Kriterien erfolgen. Zur umfassenderen Bewertung von Kunden wird häufig das sogenannte RFM-Modell angewandt. „RFM" steht für Recency, Frequency und Monetary Value. Es ermöglicht eine umfassendere Aussage zur Optimierung von Vertriebs- und Marketinginvestitionen.

In vielen Unternehmen mangelt es nicht an Daten. Das systematische Sammeln ist Voraussetzung von Data-Driven Marketing, jedoch können zu viele Daten in der Praxis auch zum Hemmschuh werden. Ausgangspunkt erfolgreicher datengetriebener Ansätze sind geschäftsrelevante Ziele und, damit verbunden, die richtigen Fragen. Wenn die Fragen nicht genau formuliert sind, werden die Antworten nicht zufriedenstellen und es besteht die Gefahr, sich zu verzetteln.

Nachfolgend ein paar Beispiele für konkrete Fragestellungen, die eine Grundlage für Datenanalysen sein können:

- Wie optimiere ich die Allokation meines Marketingbudgets?
- Wie senke ich die Kundenakquisitionskosten?
- Welches sind meine Marketingkanäle mit einem positiven ROI?
- Wie verbessere ich meine Konvertierungsraten?
- Welche neuen Marktsegmente gibt es?
- Wie bestimmen wir den Customer Lifetime Value?
- Welche bestehenden Marktsegmente wachsen/schrumpfen so stark, dass wir reagieren sollten?
- Wie identifizieren wir unsere loyalsten Kunden, die uns den größten Mehrwert/ROI bringen?
- Welche Daten helfen uns, die Wirksamkeit unserer zukünftigen Kampagnen hervorzusagen?
- Wie identifizieren wir Kaufmuster, die wir auf andere Kundengruppen übertragen können?
- Was ist in jeder Stufe des Kaufprozesses das „Next Best Offer" und wann sollten wir es kommunizieren?
- Wie reduziere ich die Stornoquote?
- Ab wann sollte ich eine Kundenbeziehung beenden?

Angesichts der zunehmenden Nutzung von Daten bei der Entscheidungsfindung stellt sich aus Sicht von Führungskräften und Mitarbeitern zudem die Frage, wie sie Vorschläge von Kollegen, Mitarbeitern oder externen Agenturen bewerten sollen. Nicht alles, was „datengestützt" ermittelt wurde, muss auch richtig sein. Daten sind generell wertlos, wenn sie uns keinen Handlungshinweis geben. Hier empfiehlt sich eine konstruktiv-kritische Herangehensweise mit den folgenden Fragen:

- Worüber reden wir?
- Was wollen wir verändern/optimieren/streichen?
- Welche Annahmen treffen Sie?
- Mit welcher Wahrscheinlichkeit können wir die aufgeführten Ergebnisse erwarten?
- Wie lange dauert diese Entwicklung schon und wie lange erwarten wir, dass sie anhält?
- Was spricht gegen die Annahme?

Zu Frage 2: Woher wissen wir, wo wir in unserer Entwicklung stehen und was die nächsten Schritte sein sollten?
Reifegradmodelle unterstützen Verantwortliche dabei, den Überblick über den aktuellen Status und die Vision zu behalten. Sie beschreiben die einzelnen Phasen genauer und dienen allen Beteiligten als Orientierung. Ein übersichtliches Modell kommt von der Firma Datentreiber (Abb. 3.1).

Zur Erläuterung des Modells soll eine Fallstudie dienen (in Anlehnung an Marr 2016) aus einer Branche, die im Zusammenhang mit datengetriebenem Marketing etwas außergewöhnlich erscheint, uns allen aber wohlbekannt ist. Dem Autor ist bewusst, dass das nur ein Beispiel ist, welches streng genommen nicht alle Kriterien erfüllt, beispielsweise in Bezug auf nachgewiesene Kausalitäten, jedoch die zentralen Prinzipien und Schritte einmal einfach verständlich darstellt.

Konkret handelt es sich um eine Metzgerei, die mithilfe von Daten ihre Ergebnisse verbessern konnte. Vor einiger Zeit hat in der Nähe unseres Metzgers ein Supermarkt eröffnet und der Inhaber spürt, dass seine Umsätze trotz der guten Qualität sinken. Er bekommt jeden Monat vom Steuerberater eine betriebswirtschaftliche Auswertung. Statt sie einfach nur abzuheften, schaut er sie sich einmal genau an und findet sein Gefühl bestätigt.

Er überlegt dann, wie er seinen Umsatz steigern kann, ohne auf den Preiskampf einzugehen und entscheidet sich dafür, einen Big Data Consultant anzusprechen. Der Experte rät ihm zunächst einmal

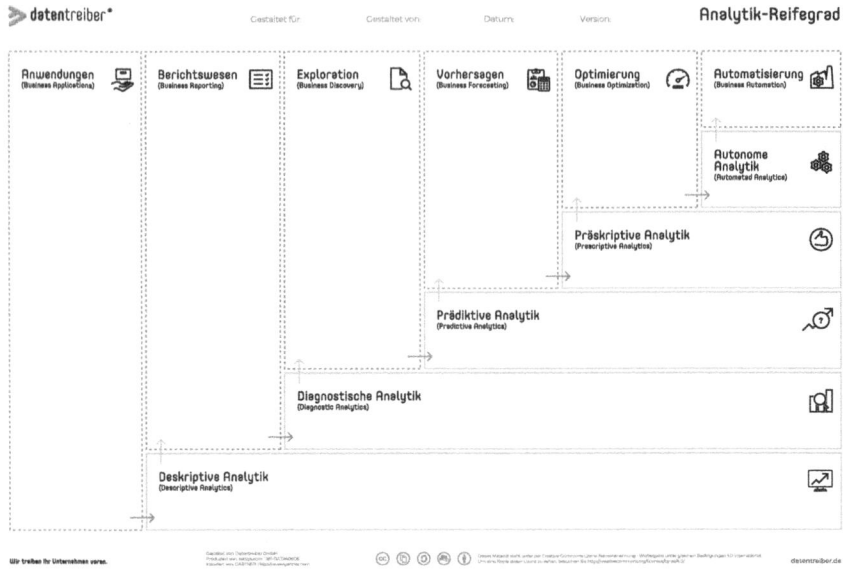

Abb. 3.1 Reifegradmodell für Analytik. (Quelle: www.datentreiber.de)

dazu, genauer das Kundenverhalten zu analysieren. Im Laden werden daraufhin günstige Sensoren installiert, die die Kundenfrequenz messen sowie deren Reaktion auf bestimmte Angebote. Erhoben werden Daten über die Menge an Menschen, die jeden Tag an seinem Geschäft vorbeilaufen, die Anzahl derjenigen, die in das Schaufenster mit den Angeboten sehen und die genaue Zahl der Kunden, die das Geschäft betreten. Auf Basis dieser Informationen kann festgestellt werden, welche Angebote dafür sorgen, dass mehr Kunden den Laden betreten und kaufen. Beide testen und optimieren verschiedene Bezeichnungen auf den Schildern im Schaufenster und beschreiben das Angebot schmackhafter. Der Preis tritt in den Hintergrund.

Darüber hinaus machen sie eine interessante Entdeckung: Die Daten sagen ihnen, dass zwischen 21 Uhr und Mitternacht eine Menge Leute vorbeilaufen. Bei der Analyse des Grunds finden Sie heraus, dass die meisten aus zwei beliebten Pubs kommen, die in derselben Straße angesiedelt sind. Die Hypothese von beiden ist, dass hier ein Umsatzpotenzial besteht, sofern das Geschäft noch mal genau in diesem

Zeitraum öffnet. Gesagt, getan. Wenig später öffnet die Metzgerei noch mal von 21 Uhr bis Mitternacht und bietet ein beschränktes Sortiment an, wobei das Angebot nach Daten aus Google Trends ausgerichtet wurde. Das Ergebnis war, dass der Umsatz durch die zusätzlichen Öffnungszeiten anstieg und auch neue Kunden gewonnen wurden. Ihre Annahme hatte sich als richtig erwiesen.

Beide gehen auf Basis dieses Erfolgs an den nächsten Schritt: Sie binden Wetterdaten ein, um die erwartete Nachfrage besser zu bestimmen. Auch dies wird umgesetzt und führt zu besseren Ergebnissen.

Auf dem Weg zum datengetrieben Unternehmen durchläuft unsere Metzgerei verschiedene Stufen und diese lassen sich anhand des Reifegradmodells von Datentreiber allgemeingültig beschreiben:

Die Analyse der betriebswirtschaftlichen Auswertung und laufenden Buchhaltung nennt man *deskriptive Analyse*. Sie beschreibt im Rückblick, *was* passierte und erfolgt in der Regel auf Basis von Standardprogrammen und bestehenden Systemen. Notwendige Analysen beschäftigen sich mit Leistungskennzahlen, die die Zielerreichung messen. Der englische Begriff dafür lautet Key Performance Indicator (KPI). Ein KPI zeigt, wie erfolgreich ein Prozess ist. Im Fall unseres Metzgers war das der Umsatz.

Die Untersuchungen rund um die Kundenfrequenzen gehört zur *diagnostischen Analytik*. Sie zeigt, *warum* etwas passierte und erforscht die Ursachen dafür, dass ein Ziel (nicht) erreicht wurde. Es geht hier um Zusammenhänge auf Basis statistischer Auswertungen. Sie beschäftigt sich mit Mustern in den Daten wie Trends, Korrelationen und Ausreißern. Eine diagnostische Analyse liefert einen Einblick in die Mechanismen eines Unternehmens und eines Marktes. Entscheider nutzen die Ergebnisse, um zukünftige Maßnahmen zu planen und anzupassen.

Der nächste Schritt, und der ist für viele Unternehmen der größte, war die Vorhersage, was passieren *wird* oder könnte. Unser Metzger hat auf Basis der vorhandenen Daten die Annahme getroffen, dass die zusätzlichen Öffnungszeiten am Abend sich lohnen. Er hat eine Hypothese aufgestellt, diese getestet und bestätigt bekommen.

Aus analytischer Sicht sollte diese Entscheidung richtigerweise auf Basis einer validen Datenbasis getroffen werden. In der *prädiktiven* (also vorhersagenden) *Analytik* geht es um statistische oder stochastische Modelle, um Werte und deren Wahrscheinlichkeit zu prognostizieren. Eine prädiktive Analyse liefert Entscheidern einen Ausblick auf zukünftige Entwicklungen. Sie liefert datengestützte Handlungsoptionen, die bestehendes Fach- oder Branchenwissen ergänzen, um bessere Entscheidungen zu treffen.

Durch Einbindung externer Wetterdaten hat der Metzger im Anschluss Regeln definiert, die angewandt werden können, um seine Ergebnisse zu verbessern. Eine bessere Wettervorhersage deutet auf mehr Kunden hin, was letztlich den Mehrbedarf an Speisen begründete. Das genau ist der Schwerpunkt der *präskriptiven* (also vorschreibenden) *Analytik*. Präskriptive Analysen sagen voraus, was passieren sollte. Sie evaluieren Handlungsoptionen auf Basis von Vorhersagen (prädiktive Analytik), simulieren unterschiedliche Szenarien und geben Handlungsempfehlungen auf Basis der Simulationsergebnisse. Sie erfordern vom Entscheider die Auswahl einer Handlungsoption und deren anschließende Ausführung. Am Beispiel unseres Metzgers: Produziere mehr Speisen und sorge für genügend Personal, um deine Ziele zu erreichen.

Bis hierhin war dies eine reale Fallstudie. Gehen wir zur Veranschaulichung fiktiv noch einen Schritt weiter, um das Reifegradmodell komplett zu erklären und stellen wir uns aus Sicht des Metzgers vor, dass wir in einigen Jahren kurz vor einer Fußballweltmeisterschaft stehen. Auf Basis der guten Ergebnisse hat er mittlerweile eine schlanke Data-Warehouse- und Business-Intelligence-Lösung aufgebaut und möchte die finale Stufe erreichen: Autonome Analytik. Im Rahmen von Machine Learning bekommt er jeden Tag konkrete Vorschläge auf Basis seiner Datenwelt. Als er eines morgens seinen Rechner startet, bekommt er einen Hinweis. „Guten Morgen, in vier Wochen startet die Fußball-WM und die Spiele werden von 14–23 Uhr übertragen. Diesen Umsatz könntest Du erzielen, wenn Du durchgängig aufhättest und das empfehlen wir an angebotenen Speisen." In der letzten Stufe der *autonomen Analytik* entscheidet das System selbstständig, was passieren soll, ermittelt die notwendigen Mengen an Fleisch und Salaten und sorgt für die Bestellungen. Das System nutzt dafür die präskriptive Analytik und führt die Handlungen selbst aus. Ein Entscheider ist in diesen Prozess nicht mehr involviert.

Auf den Punkt gebracht liegt der Unterschied in der Erhebung und Nutzung von Daten. Unternehmen, die sich eher im linken Teil des gezeigten Reifegradmodelles befinden, sind dateninformiert und agieren eher manuell, je mehr rechts sie sich bewegen, umso mehr sind sie datengetrieben und verbessern ihre Ergebnisse automatisiert. Links reden wir von isolierten Ansätzen und Silos, rechts von tiefer Integration aller relevanten Systeme und Kanäle. Wer skalieren möchte, sollte automatisieren. Der wirtschaftliche Mehrwert steigt in der Regel von Stufe zu Stufe. Die autonome Analytik muss nicht unbedingt das Endziel eines jeden Unternehmens sein. Wichtig ist es, anzufangen, zu lernen, die individuell optimale Reifegradstufe zu bestimmen und sie dann zu erreichen.

Die aufgeführte Fallstudie sollte nicht darüber hinwegtäuschen, dass ein Durchlaufen dieses Modells und das Erreichen der rechten Seite bei den meisten Unternehmen ein langfristiger Prozess ist, der sich über Jahre hinzieht. Um auf Basis statistisch gesicherter Wahrscheinlichkeiten Vorhersagen zu treffen, bedarf es einer ausreichenden Datenbasis. Hier gilt es, realistische Erwartungen zu haben. Für eigene Erfahrungen auf Basis primärer Daten gibt es keinen Kompressionsalgorithmus. Unternehmen benötigen ein statistisch relevantes Datenvolumen über einen bestimmten Zeitablauf und mit Varianzen. Um ein fundiertes Modeling zu betreiben, benötigen Unternehmen Daten von mindestens 3 Jahren. Varianzen sind wichtig, um die konkreten Auswirkungen von Veränderungen festzustellen. Nur wenn aus den Daten Muster erkennbar sind, können sie sinnvoll genutzt werden. Im genannten Beispiel mit unserem Metzger haben Veränderungen zu einer Steigerung der Kundenfrequenz und Umsätze geführt. Wenn diese gleichgeblieben wären, hätte der Einsatz datengestützter Ansätze keinen Mehrwert in Bezug auf Aussagen für die zukünftige Optimierung.

Zu Frage 3: Wie bauen wir das notwendige Know-how in unserem Unternehmen auf?
Zunächst sollten Daten von jedem Mitarbeiter als Rohstoff geschätzt werden. Ein Großteil der Zeit in Analytics-Projekten, laut Experten oftmals mehr als 70 %, wird auf Datenbereinigung und -vorbereitung verwandt. Je mehr Sorgfalt in der Datensammlung angewandt wird,

umso einfacher ist anschließend die erfolgreiche Nutzung. Hier gilt die Devise „Von Anfang an richtig machen". Zudem können qualitativ hochwertige Daten in der Zukunft als Geschäftsmodell eine zukünftige Einnahmequelle darstellen.

Nicht jeder muss (und kann) zum Data Scientist werden. Wir brauchen nach wie vor die funktionellen Spezialisten auf ihrem Gebiet und in ihren Kanälen. Egal ob Facebook, LinkedIn, XING, ob klassische Kampagnen oder Events und Messen. Jede Taktik erfordert besondere Kenntnisse, um das bestmögliche Ergebnis zu erzielen.

Alle Mitarbeiter sollten jedoch ein solides Grundverständnis von datengetriebenen Ansätzen haben, die sie in die Lage versetzen, Annahmen, kreative Ideen und Ansätze zu testen. Sie sollten ein Gefühl dafür entwickeln, was möglich ist und das auf ihr Arbeitsumfeld übertragen. Workshops und Seminare helfen hier weiter sowie die möglichst schnelle Umsetzung in realen Projekten.

Beim Data-Driven Marketing geht es darum, zu lernen, wie Annahmen getroffen werden können und wie notwendige Fragen formuliert werden müssen, um sie dann mittels Daten zu überprüfen. Im Gegensatz zu Entscheidungen auf Basis bisheriger Erfahrungen oder „Bauchgefühl" validieren Tests bestimmte Pläne mit objektiven Daten. Bis dahin sind sie nichts als Annahmen oder individuelle Meinungen.

Data-Driven Marketing hat viel mit Selbstbedienung zu tun. Mitarbeiter sollten in die Lage versetzt werden, Antworten auf Fragen selbst zu finden, somit Ziele selbstständig zu erreichen und nur bei Bedarf Unterstützung zu benötigen. Daten sollten demokratisiert und allen zugänglich gemacht werden, zusammen mit nutzerfreundlichen Technologien und Methoden zur Auswertung und Darstellung der Ergebnisse.

Fach- und Führungskräfte benötigen nicht unbedingt gehobene statistische und analytische Kenntnisse. Regressionsanalysen und multivariate Verfahren sind was für Datenexperten wie Data Scientists. Was sie jedoch verstehen sollten, sind Ursache-Wirkung-Modelle, auch genannt „Treiberbäume", die den Zusammenhang zwischen Zielgrößen und Treibern darstellen. In der einfachsten mathematischen Darstellung geht es um die Gleichung $y = f(x)$, wobei y die Zielgröße und x die Treiber darstellt. Der Zusammenhang wird im folgenden Schaubild deutlich, welches das über Marketing Analytics zu lösende Problem schildert: Den Versuch, mit statistischen Methoden

den Zusammenhang zwischen mehreren „x" (linke Seite) und einem „y" (rechte Seite) quantitativ zu erklären. Dies dient dazu, die Effekte zu isolieren und die Einflussstärke der Faktoren zu erkennen. Wenn man diese kennt, kann auf der Basis datengestützt optimiert werden (Abb. 3.2).

Das nachfolgende reale Beispiel eines Treiberbaums stammt aus einem Projekt mit einem Konsumgüterkunden. „y" als Zielgröße ist Volume Sales, also der Absatz. Dieser wird von einigen Faktoren getrieben, von denen der Kunde manche beeinflussen kann, wie beispielsweise Marketinginvestitionen oder Sonderaktionen, viele andere jedoch nicht, wie zum Beispiel saisonale Einflüsse. Unternehmen sollten sich als Startpunkt für eine gezielte Datensammlung über diese Abhängigkeiten im Klaren werden (Abb. 3.3).

Ein anderer Ansatz auf dem Weg zum datengetriebenen Marketing wird in der Übersicht in Abb. 3.4 angewandt. Dargestellt ist ein Prozess, der die Schritte von der Kundenakquise bis zur Generierung von Umsatz darstellt. Die Post-its auf der linken Seite zeigen die Customer Journey, die in der Mitte quantitative und auf der rechten Seite qualitative Kennzahlen. Ziel solcher Ansätze ist es, ein Konstrukt zu bauen, das den Zusammenhang zwischen Zielen, Schritten und

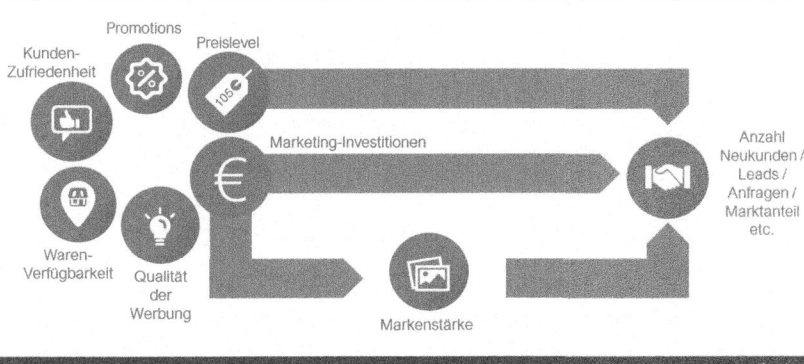

Abb. 3.2 Modell zur Erklärung von Treibern für Zielgrößen (anonymisiertes Projektbeispiel der Analyx GmbH)

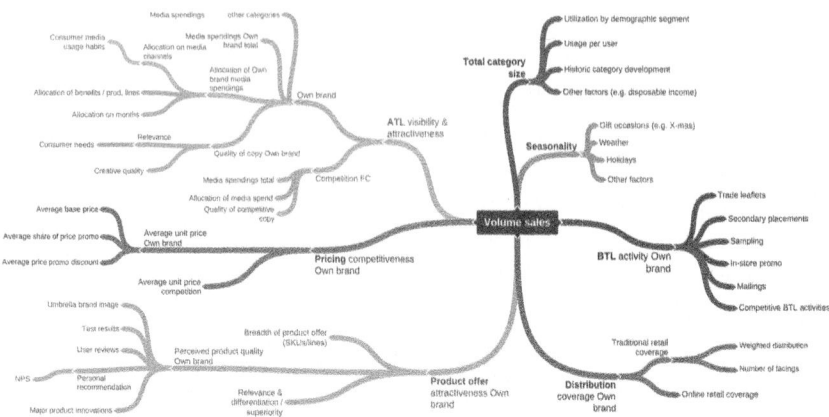

Abb. 3.3 Beispiel eines Treiberbaums. (Quelle: Anonymisiertes Projektbeispiel der Analyx GmbH)

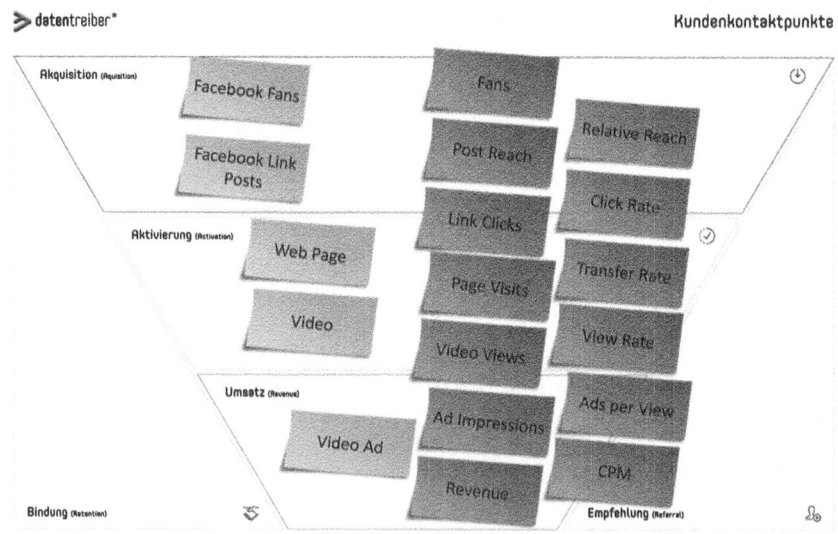

Abb. 3.4 Kundenkontaktpunkte-Canvas mit exemplarischem Treiberbaum. (Quelle: Anonymisiertes Projektbeispiel der Firma Datentreiber)

notwendigen Kennzahlen zur Erreichung erklärt und messbar macht. Bei der Ausarbeitung im Team werden in der Regel konkrete analytische Maßnahmen zur Umsetzung von datengetriebenem Marketing ersichtlich.

Nach der Festlegung der Zielgröße und der sie beeinflussenden Faktoren ist der nächste Schritt die Lokalisierung der notwendigen Datenquellen. Über welche notwendigen Daten verfüge ich heute? Wo liegen Sie in welcher Qualität? Auf welche kann ich über Partner oder auch öffentlich zugreifen? Wo muss ich gegebenenfalls zusätzlich in Aufbereitung oder für den Zugriff investieren? Sind das einmalige Investitionen oder sollte ich Datenbeschaffung ab sofort als permanente Position in meinem Budget einplanen?

Jeder Mitarbeiter sollte, unabhängig von seiner Aufgabe, grundlegende Kenntnisse in analytischen Ansätzen haben. Technologie ist Teil der Antwort, verbunden mit Qualifizierungsmaßnahmen für Mitarbeiter. Neben Workshops und Schulungen von Experten gibt es eine Vielzahl von, teilweise kostenlosen, Angeboten im Internet, beispielsweise von Coursera, Google und YouTube.

Im Marketing, aber auch in Vertrieb oder anderen Abteilungen, empfiehlt sich die Einsetzung sogenannter Data Citizens, die sozusagen als Schnittstelle zu Datenteams arbeiten, auf die wir gleich eingehen. Sie stellen sicher, dass datengetriebene Ansätze im Team umgesetzt werden. Darüber hinaus sollten, soweit noch nicht geschehen, neue Stellen geschaffen werden, um spezialisierte Datenteams aufzubauen mit Marketing Data Scientists als einer wesentlichen Rolle. Hierfür ist es zunächst einmal wichtig, zu verstehen, was ein Data Scientist genau zu tun hat. Er ist weit mehr als ein Statistiker und muss die folgenden Anforderungen erfüllen:

- methodischer Sachverstand einschließlich der Fähigkeit, die richtige Methodik auf Basis unvollständiger Informationen zu selektieren;
- Verständnis für geschäftsrelevante Fragestellungen sowie die Bereitschaft, sich aktiv damit auseinanderzusetzen;
- Zerlegung von geschäftlichen Problemen und Fragen in Unterfragen, die sich mit Daten beantworten lassen.

Zum letztgenannten Punkt verweise ich auf die Empfehlungen am Ende dieses Kapitels.

Um Anwendungswissen möglichst vielen Mitarbeitern zugänglich zu machen, sollten Datenexperten bzw. -teams aktiv und mobil im Unternehmen eingesetzt werden – auch am Arbeitsplatz vor Ort und nicht nur abgeschottet in separaten Räumen. Wichtig ist es, bei Kollegen oder auch Teams zu definieren, welche praktischen Anwendungsfälle (sogenannte „Use Cases") sie haben, welche Daten hier relevant sind und wie diese gewonnen werden können. Dies kann nur wechselseitig und im direkten Austausch erfolgen.

Wesentliche Aufgaben der Datenteams sind demnach zusammengefasst:

- Praxisorientierte Schulungen am Arbeitsplatz oder in Data-Camps, in denen am Morgen Theorie und Lehre ansteht, am Nachmittag die Praxis auf Basis realer Daten (Tunguz und Bien 2016, S. 101. Hier finden sich auch Vorschläge für die Agenda von Data Workshops).
- Strategische und operative Unterstützung bei Projekten.
- Demokratisierung von Daten, das heißt die Zurverfügungstellung für alle Mitarbeiter.
- Anlage und Pflege eines zentralen Glossars, in dem Begriffe und relevante Kennzahlen klar definiert werden. (Anmerkung des Autors: Was heißt beispielsweise „Nettoumsatz" genau? Was ist ein „Lift"? Wie sind die Begriffe definiert und wo finde ich die Daten? Google macht das vorbildlich in Google AdWords, in dem neben Begriffen ein „?" mit Erläuterungen beim Draufklicken steht).
- Hoheit über Daten ausüben, um Silos zu vermeiden und eine einheitliche Gesprächs- und Entscheidungsgrundlage sicherzustellen (Tunguz und Bien 2016, Seite 9 ff.).

> **Anregungen, Aktionen und weiterführende Fragen:**
> **Zu Frage 1: Ziele und relevante Fragen**
> - Erstellen Sie eine Liste an Fragen, die Sie schon immer in Bezug auf Ihre Ziele hatten, zum Beispiel in Bezug auf den Einfluss ausgewählter Faktoren für die Zielerreichung.
> - Welche Kriterien definieren bei Ihnen „gute" Kunden und wie können Daten Ihnen helfen, diese zu identifizieren und in Zukunft noch besser zu bedienen?

- Priorisieren Sie und konzentrieren Sie sich auf wenige Fragen, um sich nicht zu verzetteln. Am Anfang ist es besser, erste Leuchtturmprojekte erfolgreich umzusetzen. Wenn es zunächst mal eine Zahl wäre, welche wäre das?

Zu Frage 2: Standortbestimmung und Orientierung

- Beschäftigen Sie sich mit Reifegradmodellen. Überlegen Sie, wo Sie stehen, wohin Sie wollen und was die nächsten Schritte auf dem Weg zum datengetriebenen Unternehmen sind.
- Um die benötigten Varianzen für ein Modeling zu erhalten, müssen Ansätze in kontrolliertem Maße geändert werden. A/B-Tests helfen hier, oder auch Veränderungen im Zeitablauf über mehrere Perioden.
- Beginnen Sie möglichst schnell mit Pilotprojekten, in denen Mitarbeiter aus allen relevanten Abteilungen an der Lösung von konkreten Problemen arbeiten. Nutzen Sie eigene Daten und identifizieren Sie Bereiche, in denen wichtige Daten fehlen.

Zu Frage 3: Aufbau von Know-how

- Werden Sie sich über den Wert von Daten klar. Die systematische Erhebung, Pflege und Aktualisierung ist wesentliche Voraussetzung für zukünftigen Erfolg.
- Ernennen Sie Data Citizens sowie Verantwortliche für Datenqualität, angefangen bei allen Datenquellen im Zusammenhang mit Kunden und Marketingaktionen.
- Führen Sie ein Audit Ihrer Kundendaten im CRM-System, im ERP und in der Marketingdatenbank durch.
- Fangen Sie an, in Hypothesen zu denken und die richtigen Fragen zu stellen.
- Fragen Sie sich ehrlich, ob das vorhandene Wissen über Analytics ausreicht oder ob Sie in Weiterbildung investieren sollten. Holen Sie sich bei Bedarf externes Know-how in Ihr Unternehmen.
- Starten Sie mit der Umsetzung des Treiberbaumansatzes: Legen Sie Ihre Zielgröße („y") fest und ermitteln Sie die relevanten Einflussfaktoren („x") zur Optimierung. Fangen Sie danach mit dem Sammeln von Daten an. Für ein Modeling benötigen Sie im optimalen Fall die Datenbasis von 3 Jahren.
- Erstellen Sie ein Datenglossar, das an zentraler Stelle für jeden zugänglich ist. Die Verantwortung sollte beim Datenteam liegen.
- Investieren Sie in Technologie, welche Ihnen die notwendigen Aussagen liefert. Achten Sie bei der Auswahl der Lösung besonders auf die Nutzerfreundlichkeit. Der erfolgreiche Einsatz datengestützter Modelle hängt von der Adoption durch die Mitarbeiter ab.
- Schauen Sie sich den Film „Die Kunst zu gewinnen – Moneyball" mit Brad Pitt an.

Literatur

Campusjäger. (2018). Analytisches Denken. www.campusjaeger.de/karriere-guide/softskills/analytisches-denken. Zugegriffen: 4. Juli. 2018.

Marr, B. (2016). *Big data in practice – How 45 successful companies used big data analytics to deliver extraordinary results.* Chichester: Wiley.

Tunguz, B. (2016). *Winning with Data.* Hoboken: Wiley.

Weiterführende Literatur, Quellen und Ausbildungsangebote

Die Bitkom Akademie in Berlin bietet berufsbegleitend die Ausbildung zum Data Scientist an mit Hochschulzertifikat.

Die Hochschule Albstadt-Sigmaringen und die Stuttgarter Hochschule der Medien bieten berufsbegleitend ein Masterstudiengang Data Science an.

Neben dem beschriebenen Reifegradmodell empfehle ich auch einen Blick auf den vom Bitkom mitentwickelten Digital Analytics & Optimization Maturity Index (DAOMI). https://www.bitkom.org/Themen/Technologien-Software/Software/Digital-Analytics-Optimization-Maturity-Index-2017.html oder www.daomi.de.

Provost, F., & Fawcett, T. (2013). *Data science for business – What you need to know about data mining and data-analytic thinking.*

Sweetwood, A. (2016). *The analytical marketer.* Boston: Harvard Business Review Press

Szugat, M. (2018). Warum Sie eine Datenstrategie brauchen. https://www.marketing-boerse.de/Fachartikel/details/1805-Warum-Sie-eine-Datenstrategie-brauchen/143087

Zur Rolle von Data Scientists, Datenteams und „Übersetzern": https://hbr.org/2018/02/you-dont-have-to-be-a-data-scientist-to-fill-this-must-have-analytics-role?autocomplete=true und https://www.mckinsey.com/about-us/new-at-mckinsey-blog/the-new-analytics-translator-from-big-data-to-big-ideas sowie https://www.quora.com/What-is-the-difference-between-a-data-scientist-and-a-statistician und https://www.marketing-boerse.de/Fachartikel/details/1820-Was-macht-ein-Data-Scientist/145741.

4
Integration fördern

Integration, die = Wiederherstellung eines Ganzen.
(Brockhaus – Die Enzyklopädie (1999, S. 1959).

Zusammenfassung Kunden interessieren sich nicht für Abteilungen. Sie wollen auf einfache Art und Weise für sie wertvolle Produkte und Dienstleistungen erwerben. Aus Sicht der Mitarbeiter erfordert das ein ganzheitliches, abteilungsübergreifendes Denken. Das Aufbrechen von Silos mit dem Ziel, Ressourcen und Daten gemeinschaftlich im Interesse der Kunden zu nutzen, ist wesentliche Voraussetzung für Erfolg in der digitalen Welt. Integration heißt funktionierende Beziehungen aufzubauen und sich selbst im Interesse des gemeinsamen Erfolgs zurückzunehmen.

> **Erfahrungen aus der Praxis**
>
> Vor ein paar Jahren stellten wir uns bei einem früheren Arbeitgeber die Frage, wie wir unsere aggressiven Wachstumsziele erreichen können. Wir analysierten Daten der vergangenen acht Quartale und stellten fest, dass immer dann, wenn eine bestimmte Produktgruppe verkauft wurde, aus einem durchschnittlichen ein erfolgreiches Quartal wurde. Ein Problem war, dass das Unternehmen, seine Mitarbeiter und Partner nicht auf diese Lösung fokussiert war und Erfolge eher sporadisch auftraten. Zudem war der Anbieter bei seinen Kunden eher für einzelne Komponenten dieser Produktgruppe bekannt. Im Rahmen der Jahresplanung wurde ein abteilungsübergreifendes Team zusammengestellt, um eine Strategie für die kommenden drei Jahre zu entwickeln. Wir schlossen uns sozusagen für mehrere Tage in einem Raum mit der Aufgabe ein, für das Topmanagement einen abgestimmten Vorschlag zu erarbeiten. Jeder Vertreter einer Abteilung war entscheidungsbefugt und aufgefordert, einen Plan zu entwickeln, der im Anschluss von allen anderen „abgesegnet" werden musste. Die gemeinsame Entwicklung sowie die offene (und teilweise hitzige) Diskussion waren extrem hilfreich, um Lücken aufzudecken und letztlich einen integrierten Plan zu entwickeln. Dass wir am Anfang mehr an Zeit investiert hatten, war später in der Umsetzungsphase ein unschätzbarer Vorteil.
>
> Vielleicht werden Sie beim Lesen der Zeilen denken, was so Besonderes an dem Praxisbeispiel ist. Das hört sich so normal an. War es aber nicht. Mir wurde klar, dass wir bis dahin zwar gut zusammengearbeitet hatten, aber nicht richtig integriert waren. Die Zusammenarbeit basiert in den meisten Organisationen immer noch auf einer klassischen Leistungserbringung und, im Rahmen von Prozessen, einer Übergabe an die nächste Abteilung. Marketing generiert Leads und leitet sie an den Vertrieb weiter, dieser wiederum qualifiziert, erstellt ein Angebot und schließt ab. Ach ja, Services nicht vergessen und so weiter. Wenn wir von Integration reden, steht der Kunde im Mittelpunkt.
>
> Wir haben uns damals gemeinsame, herausfordernde Ziele gesetzt und jeden Bereich durchleuchtet, inwieweit er zur Erreichung beitragen kann, was getan werden muss und wo Optimierungsbedarf liegt. Schnelle Entscheidungen waren möglich, da alle Beteiligten die notwendigen Befugnisse hatten. Regelmäßige Abstimmung, Reporting und Korrekturen trugen dazu bei, dass unsere strategische Initiative die erfolgreichste des Jahres in unserer Region wurde.

Viele Unternehmen sind noch nach den klassischen Prinzipien der Arbeitsteilung und sequenziellen Leistungserbringung aufgestellt. Es ist an der Zeit, diese Denkweise zu hinterfragen. Digitalisierung ist ein

4 Integration fördern

Querschnittsthema: Potenziell sind alle im Unternehmen betroffen und werden benötigt für den Erfolg. Zusammenarbeit von Abteilungen und wahre Integration sind oftmals zwei verschiedene Dinge. In Abteilung steckt das Wort „Abteil", wie in Zügen. Digitales und datengetriebenes Denken beinhaltet das Infragestellen bestehender Organisationsstrukturen. Wir werden hier in Zukunft ganz neue, offene Formen der Organisation sehen, in der neben internen je nach Bedarf auch einfach und schnell externe Experten eingebunden werden können. Mitarbeiter sollten in die Lage versetzt werden, kundenrelevante Themen autonomer zu bearbeiten und Lösungen umzusetzen.

Führungskräfte arbeiten mehr „am" System als darin. Sie schaffen die Voraussetzung für Erfolg, indem sie die notwendigen Rahmenbedingungen schaffen, die richtigen Mitarbeiter zur Erreichung von Zielen und Lösung von Problemen zusammenbringen und notwendige Maßnahmen zur Qualifikation und zum Support bereitstellen. Dies kann auch Auswirkungen auf Hierarchieebenen haben, wobei eine eher flache Struktur auch angesichts des bereits an anderer Stelle beschriebenen Agilitätsbedarfs tendenziell vorteilhafter ist. Ungeachtet dessen sind klare Hierarchien wichtig, denn auch in Zeiten der Digitalisierung bedarf es klarer Vorgaben und einer Steuerung auf Managementebene.

Anstelle der Abteilung tritt der Kunde in den Mittelpunkt. Produktorientierte Projektteams arbeiten gemeinsam und integriert an besseren Angeboten. Integration heißt, sich selbst im Interesse des gemeinsamen Erfolges zurückzunehmen.

Wie oben beschrieben sollten sich Unternehmen die Frage stellen, wie sie organisatorisch auf die geänderten Anforderungen reagieren wollen. An der Stelle sollen kurz drei Ansätze genannt werden, die im Zusammenhang mit Digitalisierung und Data-Driven Marketing immer wieder auftauchen. Am Ende des Kapitels befinden sich bei tiefergehendem Interesse Verweise auf andere Quellen.

1. **T-Shaped-Teams** beziehen sich auf die Fähigkeit von Mitarbeitern, einerseits über spezifische Fachkenntnisse (vertikaler Strich) zu verfügen, auf der anderen Seite anschluss- und dialogfähig mit anderen Wissensbereichen, Fachabteilungen und Kunden zu

sein (Querstrich). Besonders im Management wurde in den vergangenen Jahren die Bedeutung der T-Metapher seither ständig ausgeweitet. Heute subsumiert man darunter nicht nur interdisziplinäre Fähigkeiten eines Mitarbeitenden, sondern auch dessen Blick für das Gesamtunternehmen und die Fähigkeit zum abteilungsübergreifenden Denken und Arbeiten in flachen Hierarchien (Jung 2015).
2. **Holokratie** (engl. Holacracy) ist eine von dem Unternehmer Brian Robertson aus Philadelphia (USA) entwickelte Systemik, die Entscheidungsfindungen „mit durch alle Ebenen hindurch gewünschter Transparenz und partizipativen Beteiligungsmöglichkeiten" in großen Netzwerken und vielschichtigen Unternehmen eine günstige Struktur gibt (Wikipedia 2018a; vgl. Tab. 4.1).
3. Als **Working Out Loud** (WOL) wird eine Mentalität der Zusammenarbeit und auch eine darauf aufbauende Selbstlernmethode bezeichnet. Der Begriff wurde 2010 von Bryce Williams aufgegriffen und in einem Blogpost erläutert, wobei sich die Kernidee wie folgt zusammenfassen lässt:

Tab. 4.1 Gegenüberstellung traditioneller Organisationsformen und Holokratie. (Quelle: www.holacracy.org/how-it-works)

In traditionellen Unternehmen	Mit Holokratie
Stellenbeschreibungen	**Rollen**
Jeder Mitarbeiter hat genau einen Job. Stellenbeschreibungen sind unpräzise, werden selten aktualisiert und sind oft irrelevant	Rollen werden rund um Arbeit definiert, nicht um Menschen, und regelmäßig aktualisiert. Mitarbeiter haben mehrere Rollen
Delegierte Entscheidungsbefugnis	**Verteilte Autorität**
Manager geben selten Entscheidungsbefugnis ab. Am Ende gibt ihre Meinung den Ausschlag	Autorität ist verteilt auf Teams und Rollen. Entscheidungen werden lokal getroffen
Große Reorganisationen	**Schnelle Anpassung**
Die Organisationsstruktur wird selten überprüft und wird von oben vorgegeben	Die Organisation wird regelmäßig durch Wiederholung in kleinen Schritten angepasst. Jedes Team organisiert sich selbst
Interne Politik	**Transparente Regeln**
Implizierte Regeln verlangsamen den Wandel. Personen mit eigenem Wissen sind im Vorteil	Jeder hält sich an dieselben Regeln, einschließlich der Geschäftsführung. Die Regeln sind für alle sichtbar

> **Working Out Loud = Observable Work + Narrating Your Work.**

„Man solle doch nicht nur seine Arbeit erledigen, sondern auch andere daran teilhaben lassen, damit alle zusammen dabei lernen und besser werden. Soziale Netzwerke und Kollaborationsumgebungen seien Werkzeuge hierfür, um sich aktiv einzubringen." Mit Working Out Loud hat Bryce Williams damit in Worte gefasst, was sich mit der zunehmenden Relevanz von Blogs und sozialen Medien beobachten ließ: dem Paradigmenwechsel für Wissensarbeiter weg vom Wissenssammler zum Wissensteiler: Relevant ist, wer bereitwillig sein Wissen teilt und hilft - nicht mehr wer das Wissen hortet und bewacht (Wikipedia 2018b).

Führungskräfte sollten sich aktiv mit der Frage beschäftigen, ob ihre Organisationsform den Anforderungen der Digitalisierung standhält. Die aufgeführten Ansätze oder einzelne Elemente können dabei unterstützen mit dem Ziel der besseren Integration von derzeit isolierten Unternehmensteilen.

Wer integriert, bindet Mitarbeiter in Entscheidungsprozesse ein. Das steigert die Akzeptanz für Veränderungen und den Erfolg bei der Umsetzung. Wenn auf Basis von Datenerkenntnissen strategische Projekte definiert werden, gemeinsame Ziele, KPIs und eine Strategie erarbeitet wurden, sind die nächsten Schritte nur eine logische Konsequenz. Dazu zählt auch die Beseitigung von Datensilos, die in vielen Unternehmen die erfolgreiche Umsetzung datengetriebener Modelle verhindern.

> **Anregungen, Aktionen und weiterführende Fragen:**
> - Identifizieren Sie kundenrelevante Themen sowie Probleme und bringen Sie alle wichtigen Ansprechpartner an einen Tisch.
> - Mitarbeiter sollten aktiv den Kontakt und Austausch zu anderen Abteilungen suchen und über Kundenprojekte, Herausforderungen, Erfolge und Misserfolge sprechen.
> - Schaffen Sie eine offene und gleichrangige Diskussionsatmosphäre auf Basis von Daten.
> - Prüfen Sie, ob Ziele auch abteilungsübergreifend für kundenrelevante Prozesse definiert sind.

Literatur

Brockhaus – Die Enzyklopädie, 1999

Holocracy. Holocracy, how it works. www.holacracy.org/how-it-works. Zugegriffen: 4. Juli 2018.

Jung, D. (2015). Der Mythos vom „T-förmigen" Mitarbeiter. www.denkmodell.de/hintergrund/der-mythos-vom-t-foermigen-mitarbeiter

Wikipedia. (2018a). Stichwort Holokratie, 23.6.2018. https://de.wikipedia.org/wiki/Holokratie. Zugegriffen: 4. Juli 2018.

Wikipedia. (2018b). Stichwort Working Out Loud, 28.6.2018. https://de.wikipedia.org/wiki/Working_out_loud. Zugegriffen: 4. Juli 2018.

Weiterführende Literatur und Links

Stepper, J. (2015). *Working out loud: For a better career and life*. Ikigai Press.

Webseite zum Thema Working out Loud: www.workingoutloud.com.

Definition 360 Grad Kundensicht: www.searchenterprisesoftware.de/definition/360-Grad-Kundensicht.

T-Shaped Professional: Die Vorteile von Spezialist und Generalist vereint (2010): www.business-wissen.de/artikel/t-shaped-professional-die-vorteile-von-spezialist-und-generalist-vereint.

5
Kundenorientierung leben

Amazon ist nicht so erfolgreich, weil es digital ist. Sondern es ist erfolgreich, weil es kundenorientiert ist. Daten helfen dabei.
(Martin Szugat, Unternehmer und Datenexperte).

Zusammenfassung Der Kontakt von Mensch zu Mensch nimmt durch die Digitalisierung tendenziell ab. Anstelle des persönlichen Gespräches stellen Daten die Verbindung zum Teil wieder her. Sie zeigen, was funktioniert und was nicht. Nur Primärdaten und der direkte Zugang zum Kunden stellen auf Dauer einen Wettbewerbsvorteil dar. Um dauerhaft erfolgreich zu sein, sollten transaktionszentrierte Geschäftsmodelle in Ansätze gewandelt werden, bei denen mittels datengestützter automatisierter Prozesse mit dem Kunden eine personalisierte, langfristige Beziehung aufgebaut wird.

„Der Kunde steht bei uns im Mittelpunkt" und „Wir kennen unsere Kunden" sind Aussagen, welche manche Unternehmen für sich beanspruchen. Wie ist es wirklich? Die Digitalisierung und das veränderte Einkaufsverhalten erfordert eine grundsätzliche Infragestellung solcher Aussagen. Zahlreiche Untersuchungen belegen, dass sich immer mehr Kunden zunächst anonym im Internet informieren, bevor Sie, wenn überhaupt, Kontakt zum Unternehmen aufnehmen. Bei B2B-Unternehmen sprechen Analysten von bis zu 70% des Kaufprozesses. Im stetig zunehmenden E-Commerce wird sogar die gesamte Transaktion unpersönlich abgewickelt.

Wer kümmert sich angesichts dieser Entwicklung jeden Tag um quantitative, datenbasierte oder qualitative Faktoren, um den Kunden zufriedenzustellen? Um Nutzen und Bedienerfreundlichkeit bei Bestellprozessen oder beim generellen Lösen von Problemen außerhalb von Reklamationen und Retouren? Auf der anderen Seite befindet sich auch ein Mensch. Wie viel Zeit verbringen Unternehmen damit, ihn besser kennenzulernen und das gewonnene Wissen zu teilen? Es geht nicht alleine um Einblicke in Kundenwünsche, sondern um ein aktives Interesse. Kundennähe heißt zudem, Bedürfnisse zu erkennen, die über das eigene Angebot gehen.

Digital erfolgreiche Unternehmen denken in kundenrelevanten Prozessen und wie sie das Erlebnis stetig besser und einfacher gestalten können. Ein Trend geht dahin, Transaktionen zu digitalisieren, aber Service und Beratung stärker zu personalisieren. Immer dort, wo Kunden nicht mehr alleine weiterkommen können oder wollen, hilft der persönliche Kontakt.

Angesichts der Vielzahl an Medien, Kontaktpunkten und Kanälen benötigen Unternehmen leistungsfähige Technologien, um eine möglichst vollständige Sicht des Kunden herzustellen. In der Praxis ist von einer sogenannten 360-Grad-Kundensicht die Rede.

> Hinter der 360-Grad-Kundensicht steckt die Vorstellung, dass Unternehmen eine vollständige Sicht auf den Kunden erhalten können. Dafür aggregieren sie Daten, die von verschiedenen Kontaktpunkten stammen, über die ein Kunde mit einem Unternehmen in Berührung kommt, um Produkte zu kaufen sowie Service und Support zu erhalten. (Search Enterprise Software 2015).

Social-Media-Anbieter wie LinkedIn, Facebook, Instagram oder XING bieten hervorragende Möglichkeiten, um digitale Beziehungen aufzubauen und Kunden einzubinden. Unternehmen sind jedoch gut beraten, Kontakte möglichst schnell in ihre eigene Web-Umgebung zu holen und sie dort zu halten. Der erste Grund hierfür ist einfach: Sie sind vom jeweiligen Anbieter abhängig. Stellen Sie mal Ihr Handy auf Flugmodus und versuchen dann auf Ihr Netzwerk zuzugreifen. Social-Media-Kontakte sind geliehene Kontakte mit bedingtem Wert.

Der zweite, noch wichtigere Grund ist, dass Daten Wettbewerbsvorteile darstellen, aber nur wenn es Primärdaten sind, auf die kein anderer Zugriff hat. Der direkte Kundenkontakt ist von zentraler Bedeutung. Wer ihn nicht hat, muss zukünftig verstärkt über Dritte gehen mit den sich daraus ergebenden Nachteilen einschließlich potenziell höherer Kosten.

Beim datengetriebenen Marketing geht es konkret um das Erzielen von Wettbewerbsvorteilen. Das heißt, Unternehmen müssen Erkenntnisse über ihre Kunden beziehungsweise den Markt erhalten, die der Wettbewerb nicht hat. Primärdaten bedingen den direkten Zugang zum Kunden, um individuell und personalisiert mit ihm interagieren zu können. Auf diesem Weg können Bedürfnisse wirklich zeitnah erkannt und Erkenntnisse agil umgesetzt werden.

Aus Unternehmenssicht kann das übrigens auch heißen, dass zukünftig mehr in Branding und Pull-Marketing investiert werden sollte, um den Bekanntheitsgrad bei Endkunden zu steigern und sie direkt anzusprechen. Insbesondere Hersteller, die bisher verstärkt auf indirekte Verkaufskanäle gesetzt haben, stehen vor dieser Herausforderung.

Am Anfang einer kundenzentrierten Marktbearbeitung steht die genaue Definition der Zielgruppe. Das ist Marketing-Einmaleins. Im Anschluss kommt die Entwicklung von Customer Personas als Weiterentwicklung und noch bessere Beschreibung der Zielgruppe. Empfehlenswert ist, diese intern zusammen mit dem Vertrieb und Service zunächst im interaktiven Austausch im Rahmen eines von einem Experten moderierten Workshop zu ermitteln. Die Erfahrungen von Mitarbeitern mit Kundenkontakt sind wichtig, um ein rundes Bild zu bekommen. Am Ende dieses Prozesses stehen Personas mit Charakterisierung, typischen

Aussagen, Problemstellungen, im optimalen Fall noch mit einem Bild und typisierenden Namen – mit anderen Worten einer möglichst genauen Beschreibung dessen, was alle Teilnehmer wissen. Manche Unternehmen nehmen zu diesem Prozess anschließend externe Marktexperten und Analysten hinzu, um das Bild abzurunden.

Hier endet in der Praxis oftmals der Prozess. Gewonnene Erkenntnisse werden nur zum Teil aktiv genutzt und die Personas nicht weiterentwickelt.

Der konsequente nächste Schritt aus Sicht von Data-Driven Marketing ist das Validieren über Daten, die im CRM, ERP, auf Social Media oder in anderen Systemen vorhanden sind. Anschließend werden die verfeinerten Personas für die Contententwicklung genutzt und in Systeme eingepflegt, zum Beispiel Marketing Automation, um sie aktiv zu nutzen. Inhalte werden in Abhängigkeit von Personas, Segmenten oder Stellenbezeichnungen veröffentlicht, je nachdem, wo sich der Kunde in der Customer Journey befindet. In der Sprache der Marketing Automation heißt das „Smart" oder „Dynamic Content". Customer Journeys sollten für alle kundenrelevanten Prozesse beschrieben werden, wobei aus Marketingsicht die Gewinnung von Neukunden oftmals Priorität hat.

Noch kompletter wird der Kundenblick, wenn Unternehmen den „Customer Lifetime Value" bestimmen. Hier gilt es, auf Basis historischer Daten Kaufmuster und -volumen von Kunden im Zeitablauf zu erkennen und diese als Maßstab für Investitionen zu nutzen. Konkret kann am Anfang ein negativer ROI Sinn machen, beispielsweise bei Investitionen in Pay-per-Click, wenn der Kunde auf Dauer mehr ausgibt und dadurch profitabel wird.

Personas, Customer Journeys und Customer Lifetime Value bilden Grundlagen für datengetriebenes Marketing und kundenzentriertes Handeln. Entscheidend ist, die Erkenntnisse in Systemen abzubilden und konsequent auf Basis von Daten weiterzuentwickeln.

Marketing, Vertrieb sowie alle in Kundenprozesse involvierten Abteilungen sollten ein gemeinsames Verständnis dafür bekommen, wie sie Kunden digital und im persönlichen Kontakt finden, binden und entwickeln können. Zu jeder Zeit stellt der aktive interne Austausch zwischen allen Beteiligten über Erkenntnisse und Ergebnisse eine wesentliche Erfolgsvoraussetzung dar. Kennzeichen der einzelnen Kaufphasen sollten beschrieben werden und auch, welche Maßnahmen zur Konvertierung führen. Was genau veranlasst den Kunden, den nächsten Schritt zu tun? Wie könnte ein „Next Best Offer" aussehen? Wie sind und bleiben wir im Zeitablauf auf der Customer Journey relevant?

Kundenzentriertes Handeln ersetzt die transaktionsbasierte Perspektive im Vertriebsfunnel durch den Blick auf den Kunden, seine Bedürfnisse und seine individuelle Position im Kaufprozess und danach. Technologie und Daten ermöglichen den Aufbau einer personalisierten Beziehung, von der langfristig beide Seiten profitieren können.

Anregungen, Aktionen und weiterführende Fragen:
- Starten Sie Ihre Besprechungen mit wichtigen Erkenntnissen von Kunden: Sind bestimmte Entwicklungen ein Ausreißer oder ein signifikanter Trend?
- Fangen Sie an, Primärdaten über Ihre Kunden zu sammeln, indem Sie den direkten Kontakt herstellen und ausbauen.
- Wäre ein Abonnementmodell („Subscription-Modell") denkbar, um Ihre Kunden enger an Ihr Unternehmen zu binden (siehe auch Kapitel Schlüsselfaktor: Unternehmerisch handeln)?
- Welche Partnerschaften wären sinnvoll, um dem Kunden eine noch bessere, komplettere Erfahrung zu ermöglichen (siehe auch Kapitel Schlüsselfaktor: Unternehmerisch handeln)?
- Nutzen Sie Daten und analytische Erkenntnisse, um den Nutzen, die Bedienerfreundlichkeit sowie den Mehrwert für Kunden zu optimieren.
- Hinterfragen Sie Aussagen wie „Wir kennen unsere Kunden".
- Entwickeln Sie Ihre digitale Customer Experience für alle kundenrelevanten Prozesse.
- Fragen Sie sich, ob die gesamte Customer Journey durch Maßnahmen abgedeckt ist oder ob es noch zu schließende Lücken gibt.
- Stellen Sie sicher, dass gewonnene Kundendaten operativ und, wo möglich, in Echtzeit genutzt werden können.
- Entwickeln Sie Personas für alle wichtigen Kundengruppen. Validieren Sie alle wichtigen Personas über Daten und nutzen Sie diese aktiv bei der Contententwicklung sowie in Systemen.
- Definieren Sie ihre TOP-Kunden auf Basis von Daten und richten sie Ihren Fokus in der Marktbearbeitung auf die profitabelsten Segmente aus.
- Ermitteln Sie den Customer Lifetime Value und überprüfen Sie Ihre Investitionen auf dieser Basis.
- Stellen Sie das Wissen über Kunden an zentraler Stelle allen relevanten Mitarbeitern zur Verfügung. Lokalisieren Sie alle Quellen

- mit Kundeninformationen und gewährleisten Sie eine möglichst umfassende Datendemokratie.
- Mystery Shopping kann einen frischen Blick bei der Optimierung des Kundenerlebnisses bieten.
- Prüfen Sie eine Investition in unterstützende, integrierte Technologie, insbesondere CRM, Marketing Automation und Content-Management-Systeme sowie BI-Lösungen. Ohne die richtige Technologie kann Data-Driven Marketing nicht funktionieren.
- Stellen Sie fest, welche digitalen Dienste die Menschen und damit wahrscheinlich Ihre Kunden am meisten benutzen. Beim Verfassen des Buches standen Messaging-Dienste ganz oben. Wie können Sie diese für eigene Zwecke nutzen?
- Qualifizieren Sie Mitarbeiter und passen Sie Ziele und konsequenterweise auch die Vergütung der Mitarbeiter auf kundenrelevante Themen an.

Literatur

Search Enterprise Software: Definition 360-Grad-Kundensicht (2015). www.searchenterprisesoftware.de/definition/360-Grad-Kundensicht. Zugegriffen: 4. July 2018.

6
Neugierig sein

Ich habe keine besondere Begabung, ich bin nur leidenschaftlich neugierig.
(Albert Einstein, Physiker).

Zusammenfassung Neugier als positive Motivation ist der Motor der Innovation. Mehr als Offenheit resultiert aus ihr die aktive Suche nach neuen Ansätzen, der Drang zum Ausprobieren und Experimentieren. Zur Neugier gehört die Fähigkeit, die richtigen Fragen zu stellen und nicht nachzugeben, bevor sie nicht beantwortet sind. Im Mittelpunkt sollten kundenrelevante Themen und Prozesse stehen.

> **Erfahrungen aus der Praxis**
> Wer neugierig ist, stellt Fragen. Hier sind in Unternehmen zwei Phänomene zu beobachten: Neue Mitarbeiter fragen am Anfang sehr viel. Das wird erwartet, ist logisch und zeugt von Interesse. Die neuen Kollegen müssen Prozesse und Hintergründe verstehen. Nach einer gewissen Zeit werden die Fragen seltener. Der Mitarbeiter glaubt, verstanden zu haben und will seine Kollegen nicht nerven („Ich kann die Kollegen nicht schon wieder ansprechen" zur Vermeidung negativer Reaktion bei den Befragten wie „Das müsste er/sie jetzt eigentlich doch schon kennen").

> Generell werden viele Fragen häufig als lästig („Immer der Müller mit seinen Nachfragen!") oder Schwäche empfunden („Das weiß man doch"). In Sitzungen geht es oftmals um Informationsvermittlung anstelle einer Diskussion („Am Ende besteht noch die Möglichkeit, Fragen zu stellen" oder im englischen „Let's take this offline"). Rückfragen sind eher unerwünscht und es wird wenig Zeit dafür eingeplant.

Die Basis für Digitalisierung ist Software. Softwarefunktionalitäten lassen sich leichter programmieren als physische Produkte nachzubauen. Heutige Alleinstellungsmerkmale können morgen schon überholt sein. Insofern spielt die laufende Suche nach und die Umsetzung von Neuem eine zentrale Rolle für die Generierung von Wettbewerbsvorteilen.

In Technologie-Start-ups und bei digitalen Leadern werden neue Ideen als Grundlage zur Sicherung der Zukunft gesehen. Diese Denkweise sollte bei allen Mitarbeitern vorherrschen. Innovation, und damit Veränderung, ist Chance und nicht Bedrohung des eigenen Arbeitsplatzes. Gemeint ist auch der Blick über den Tellerrand: Was passiert in anderen Branchen? Welche Entwicklungen gibt es dort, das Kundenerlebnis noch besser zu gestalten? Welche neuen Technologien gibt es? Wäre das was für uns?

Der Begriff „Neugier" beschreibt das Beherrschtsein von dem Wunsch, etwas Bestimmtes zu erfahren, in Angelegenheiten, Bereiche einzudringen, die besonders andere Menschen und deren Privatleben oder ähnliches betreffen (Quelle: www.duden.de). Hier geht es um die aktive Suche und den Wunsch, zu verstehen bzw. mehr als andere zu wissen. Was im Privaten oft negativ angesehen wird, ist für die Digitalisierung ein Schlüsselfaktor. Im Meer von Daten auf Entdeckungsreise zu gehen sollte Mitarbeiter begeistern.

Die aktuelle Forschung unterscheidet vier Dimensionen der Neugier (Quelle: Naughton et al. 2018):

1. Wissbegierde: Wie jemand von sich aus nach neuen und komplexen Information sucht und was ihn dazu antreibt.
2. Kreativität bei der Problemlösung: Die Bereitschaft, unterschiedliche Perspektiven einzunehmen und verschiedene Wege auszuprobieren.

3. Offenheit für Ideen: Gute Ansätze auch dann akzeptieren, wenn sie von anderen kommen.
4. Stresstoleranz: In der Lage sein, mit Neuem, Komplexem, Undurchsichtigem, Unerwartetem oder Unbekanntem umzugehen und der Neugier auch maßgebliche Taten folgen zu lassen.

Die Firma Merck hat 2016 die erste internationale Neugierstudie mit Umfragen unter rund 5000 Arbeitnehmern aus 16 Branchen in den USA, Deutschland und China veröffentlicht. Eine der Erkenntnisse war, dass Neugier oft gepredigt, aber nur selten gefördert wird.

Wer hinterfragt, regt die Diskussion an. Wenn es früher hieß „Don't fix it if it is not broken", so gilt bei digitalen Unternehmen oftmals die Devise „If it is not broken fix it anyway". Erfahrung und Erfolg in der Vergangenheit können bei Mitarbeitern zu fehlender Bereitschaft für notwendige Veränderung sorgen. Die Verankerung einer gesunden Fragekultur gehört zu den Voraussetzungen für eine datengetriebene Unternehmenskultur.

Data-Driven Marketing heißt, die wichtigen und richtigen Fragen zu stellen und diese mit Daten zu beantworten. Es setzt die Bereitschaft voraus, zu testen und vermeintliche Selbstverständlichkeiten zu hinterfragen. Falscher Stolz auf Basis von Erfahrung, Position oder vergangenen Erfolgen ist hier fehl am Platz. Wer etwas nicht versteht, sollte fragen. Wer es dann immer noch nicht versteht, sollte nachfragen („Was heißt das genau") und sich nicht von irgendwelchen Fremdwörtern, unschlüssigen Erklärungen oder Vertröstungen („Wir besprechen das im Anschluss") abspeisen lassen. Die datengetriebene Welt hat ihre eigenen Regeln und alle Mitarbeiter sollten die wesentlichen Punkte verstehen.

Neugier kann anfangs durch gezielte Initiativen gefördert werden, bis die notwendigen Einstellungen bei Mitarbeitern verankert sind. Konkret kann ein „Data Discovery Programm" mit speziellem Budget, Aufmerksamkeit im Management und interner Kommunikation über erfolgreiche Vorschläge helfen. Die folgenden Bedingungen und Kriterien für Einreichungen sollten dabei aufgestellt werden:

- klare Definition der Fragestellung,
- neue Erkenntnisse auf Basis von Daten,

- nicht Teil des bestehenden Plans zur Erreichung der bekannten Ziele,
- geschäftliche Relevanz in Bezug auf Ergebnisse, Skalierbarkeit,
- schlüssige Story.

Um Hemmschwellen abzubauen, sollten Datenexperten Mitarbeiter an ihren Arbeitsplätzen besuchen und persönlich mit ihnen sprechen. Was sind ungestellte Fragen, die sie seit längerem beschäftigen? Welche Ideen zur Verbesserung der Ergebnisse in ihrem Bereich haben sie, die sie gerne einmal mit Daten validieren würden? Wenn sie drei Wünsche hätten, was wären diese?

Anregungen, Aktionen und weiterführende Fragen:
- Stellen Sie neugierige Menschen ein.
- Etablieren Sie eine aktive Fragekultur und planen Sie genügend Zeit dafür ein.
- Kundenprobleme sind gute Ausgangspunkte für Neugier.
- Wie reagieren Sie auf neue Ideen? Wie Ihre Abteilung? Wie einfach ist die Umsetzung?
- Welche ungestellten Fragen haben Sie?
- Sehen Sie Neugier bei anderen als Stärke oder als Belästigung?
- Gibt es einen systematischen Prozess, um Neugier zu fördern?
- Werden Neuerungen bei Ihnen als Chance oder als Bedrohung angesehen?
- Wenn Sie drei Wünsche für Ihre Aufgabe/Ihr Produkt/Ihren Bereich hätten, wie würden sie lauten?

Literatur

Naughton, C., Paoli, I. de., & Kashdan, T. B. (2018). Der Neugier auf der Spur. *Harvard Business Manager*, 4(2018), 42 ff.

Weiterführende Literatur und Links

Naughton, C. (2016). *Neugier: So schaffen Sie Lust auf Neues und Veränderung.* Berlin: ECON.
Webseite der Firma Merck zum Thema Neugier: www.curiosity.merck.de.

7
Storytelling beherrschen

Die Geschichte soll nicht das Gedächtnis beschweren,
sondern den Verstand erleuchten.
(Gotthold Ephraim Lessing).

Zusammenfassung Daten alleine bewegen niemanden, Geschichten sorgen für Veränderung. Menschen lieben Geschichten und reagieren auf sie – privat wie geschäftlich. Beim Data-Storytelling geht es darum, relevante Entwicklungen verständlich zu kommunizieren mit dem Ziel, notwendige Entscheidungen zu treffen.

> **Erfahrungen aus der Praxis**
> Vor ein paar Jahren führten wir bei meinem früheren Arbeitgeber unsere jährliche Marketing Academy für die TOP 100 Partner durch. Das Event war Höhepunkt einer Initiative zur Schaffung einer loyaleren Partnerbasis und besserer Umsetzung unserer Kampagnen. Als Thema wählten wir „Storytelling for Business Growth". An zwei Tagen schulten wir Marketingleiter, Business-Development-Verantwortliche und Geschäftsführer mit Unterstützung professioneller Geschichtenerzähler, auf welche Weise sie sich bei Kunden und Interessenten durch die

> Geschichte Ihres Unternehmens differenzieren können. Höhepunkt war ein Sprecher von Disneyland Paris, der die Teilnehmer darüber informierte, wie Geschichten bei Disney entwickelt und vermarktet werden. „Gute Geschichten", so der Disney-Sprecher, „seien harte Arbeit. Aber wenn sie mal fertig sind, bleiben sie für immer im Gedächtnis".

Viele betriebswirtschaftliche Modelle, gerade im B2B-Bereich, gehen von rationalen Entscheidungen der beteiligten Personen aus. Erkenntnisse aus zahlreichen Studien beweisen, dass dies ein Trugschluss ist. Emotionen sind stärker als Fakten. Menschen entscheiden hauptsächlich auf Basis emotionaler Kriterien und begründen ihre Handlungen oftmals im Nachhinein rational. Hier kommen Geschichten ins Spiel und die Fähigkeit sie zu entwickeln und zu erzählen. Wer einmal die Serie „Die Höhle der Löwen" gesehen hat weiß, welchen Aufwand Gründer treiben, um Investoren mit der richtigen „Story" von ihrer Idee zu überzeugen.

In diesem Buch geht es nicht um allgemeines Storytelling (auch wenn das natürlich eine wichtige Funktion von Marketing ist), sondern um die wirkungsvolle Darstellung von Erkenntnissen aus der Datenanalyse mit dem Ziel, bessere Entscheidungen zu treffen. Data-Driven Marketing fördert den Wandel im Marketingansatz, das zu erzählen, was Unternehmen für wichtig halten, hin zu Inhalten, an denen Kunden nachweislich interessiert sind – in ihrer Sprache. Effektive Keywords können identifiziert und guter Content zweifelsfrei identifiziert werden. Was wirkt tatsächlich? Stellen Sie sich eine Diskussion über Produktstrategien und notwendige Weiterentwicklungen vor. Wenn Muster, Trends und Nutzungsgewohnheiten auf Basis von Daten erfolgen, finden Gespräche verstärkt auf objektiver, kundenzentrierter Basis statt.

Storytelling kann auch als Übersetzungsleistung gesehen werden. Der Storyteller übersetzt die Erkenntnisse aus der Datenanalyse in eine Sprache, die jeder Zuhörer versteht. Was haben wir gelernt oder gefunden? Warum ist das für uns wichtig? Welche Auswirkungen hat das und was sollten wir tun?

Gute Geschichten sprechen die Emotionen an. Menschen lernen und erinnern sich an sie und können diese, wenn auch in abgeänderter Form, im Kern weitererzählen. Sie bewegen und führen zu Veränderungen. Identisch sind generell bestimmte wesentliche Bestandteile wie die Beschreibung der Ausgangssituation, ein Held, die Schilderung der Reise mit Hindernissen und zum Schluss die Auflösung. Der Held beim Data-Storytelling sollte in der Regel der Kunde sein und nicht das Unternehmen. Zwei potenzielle Unterschiede bestehen zu Märchen und Filmen:

1. Datenstorys sind in der Regel nicht abgeschlossen (es sei denn im Rahmen des Reportings oder bei Erfolgspräsentationen auf Firmenveranstaltungen), sondern dienen der offenen Diskussion und Ergebnisfindung. Sie sind ein wichtiges Instrument, um Erkenntnisse zielführend zu übermitteln und gute Entscheidungen herbeizuführen.
2. Bei Storys in Verbindung mit Daten gibt es nicht immer ein Happy End.

Die folgenden drei Schritte helfen bei der Entwicklung einer Data-Driven Story (vgl. Nussbaumer Knaflic, C. und Kauschke, M. 2017):

1. **Ausgangssituation beschreiben**
   Liefern Sie den notwendigen Kontext und was Ziel der Story ist. Eine Geschichte muss relevant für Ihre Zuhörer sein. Wenn wir mit dem Vertrieb reden, sollte beispielsweise der Umsatz eine Rolle spielen. Generell sind Verbesserungen für Kunden immer ein guter Aufhänger. Zu wem genau sprechen Sie und wie ist der Wissensstand bei den Zuhörern? Warum schauen wir auf die Daten und welche KPIs sind betroffen? Wo und wie lange wurden die Daten erhoben? Was sind die Annahmen? Sind sie allgemeingültig oder gelten sie nur unter bestimmten Bedingungen?
2. **Entwicklung schildern**
   Beschreiben Sie die Entwicklung möglichst anschaulich. Dazu gehört es, die richtige Visualisierung zu wählen (siehe Übersicht zur Auswahl der passenden Visualisierungsgrafik unter Empfehlungen/Links).

Was wollen Sie im Kern aussagen und was sollen die Leute mitnehmen? Jede Grafik und Folie sollte absolut selbsterklärend sein. Wählen Sie nur relevante Daten aus, die die Story unterstützen. Visualisierung unterstützt die Geschichte, sie ersetzt sie nicht. Je mehr Information gezeigt wird, umso mehr wird beim Zuhörer eine innere Spannung aufgebaut und er fühlt sich verwirrt. Daten sind Höhepunkte in einer übergreifenden Geschichte. Wenn sie nicht zur Story beitragen, sollten sie weggelassen bzw. im Anhang zur Bestätigung parat gehalten werden. Arbeiten Sie klassische Elemente zur Steigerung der Spannung ein: Überraschungen, Unerwartetes, Herausforderungen, Widerstände. Wendepunkte, Trends, Ausreißer, unerwartete Ereignisse oder Entwicklungen können hier Aufhänger sein. Farben sollten behutsam angewendet werden: Worauf soll der Blick fallen? Was genau wollen Sie herausstellen? Wenn es passt, kann bestimmten Entwicklungen ein Name gegeben werden, um die Geschichte noch einprägsamer zu machen.

3. **Aktion forcieren**

Am Ende sollte klar dargestellt werden, was die Alternativen sind. Wenn Sie Folien nutzen, schreiben Sie den zu diskutierenden Punkt explizit drauf. Wenn möglich sollte zudem eine Handlungsempfehlung mit entsprechender Begründung ausgesprochen werden. Auch wenn die Teilnehmer nicht zustimmen sollten, wird eine Diskussion gestartet.

Um Dinge zu bewegen benötigen wir eine emotionale Ansprache und Überzeugung. Daten, Fakten und Informationen unterstützen hierbei nur. Schauen Sie daher am Ende am besten noch einmal die Präsentation durch und entscheiden Sie, was weggelassen werden kann.

> **Anregungen, Aktionen und weiterführende Fragen:**
> - Gute Geschichten zu erzählen kann man lernen. Engagieren Sie bei Bedarf einen externen Trainer, der Erfahrung auch im Data-Storytelling hat.
> - Gute Geschichtenerzähler sind auch gute Zuhörer. Wie gut sind Sie im Zuhören?
> - Marketing sollte lernen und andere lehren, auf Basis von Daten zu erzählen, wie das Unternehmen Kunden hilft.

- Ist der Held Ihrer Unternehmensstory das Produkt oder Ihr Kunde?
- Nutzen Sie innovative, auf Standards basierende Technologien, zur Visualisierung von Daten. Achten Sie bei der Auswahl auf die Benutzerfreundlichkeit. Die Adoption durch Mitarbeiter entscheidet zum großen Teil über den Erfolg der Investition in diesem Bereich.

Literatur

Nussbaumer Knaflic, C. (Autor), & Kauschke, M. (Übersetzer). (2017). *Storytelling mit Daten: Die Grundlagen der effektiven Kommunikation und Visualisierung mit Daten.* München: Vahlen.

Weiterführende Literatur und Links

Videoempfehlungen:
Die besten Stories von Hans Rosling. https://www.ted.com/playlists/474/the_best_hans_rosling_talks_yo. Zugegriffen: 30 June 2018.
Making data mean more through storytelling, Ben Wellington, TEDxBroadway. youtube.com/results?search_query=making+data+mean+more+through+storytelling. Zugegriffen: 30 June 2018.
Weiterführende Links:
Data Storytelling: The Ultimate Weapon of Unicorn Data Scientists. www.linkedin.com/pulse/data-storytelling-ultimate-weapon-unicorn-scientists-mukhopadhyay. Zugegriffen: 30 June 2018.
Data-Storytelling: Die Kunst, Zahlen zum Sprechen zu bringen. https://onlinemarketing.de/news/data-storytelling-die-kunst-zahlen-zum-sprechen-zu-bringen. Zugegriffen: 30 June 2018.
Gute Übersicht zur Auswahl der passenden Visualisierungsgrafik. http://extremepresentation.typepad.com/files/choosing-a-good-chart-09.pdf. Zugegriffen: 30 June 2018.
How to tell a great story. http://blogs.hbr.org/2014/07/how-to-tell-a-great-story. Zugegriffen: 30 June 2018.
Research Proves That The Storyteller Is Valued More Than Anyone Else In A Society. https://www.forbes.com/sites/willburns/2017/12/07/research-proves-that-the-storyteller-is-valued-more-than-anyone-in-a-society/#245ea9327a15. Zugegriffen: 30 June 2018.

8
Unternehmerisch handeln

Entrepreneur ist keine Berufsbezeichnung. Es ist die Geisteshaltung von Menschen, die die Zukunft verändern wollen.
(Guy Kawasaki, US-amerikanischer Autor, Unternehmer und Risikokapitalgeber).

Zusammenfassung Beim Data-Driven Marketing steht am Anfang oftmals die Effizienzsteigerung für bestehende Prozesse im Vordergrund. Auf der Suche nach Optimierungsmöglichkeiten und je weiter die Arbeit mit Daten voranschreitet, können vollkommen neue Geschäftspotenziale entdeckt werden. Dies kann so weit gehen, dass Daten selbst vermarktet werden. Unternehmerisch denkende Mitarbeiter sind offen für neue Geschäftsmodelle und Kooperationsformen. Um notwendige interne Veränderungen anzustoßen und Data-Driven Marketing zu etablieren sollten sie in der Lage sein, den wirtschaftlichen Mehrwert klar darstellen zu können.

Im Zusammenhang mit Data-Driven Marketing als Teil einer datengetriebenen Unternehmensführung sollen an dieser Stelle eine wichtige Einstellung und eine Kernkompetenz herausgestellt werden: Die aktive Suche nach neuen Geschäftsfeldern sowie die Fähigkeit, Aktivitäten in wirtschaftliche Ergebnisse umzuwandeln.

Die Vorteile von Data-Driven Marketing liegen zu Beginn oftmals in der Steigerung der Effizienz bestehender Maßnahmen. Webseiteninhalte und Content werden durch Keyword-Analysen optimiert, A/B-Tests zeigen, welche Inhalte und grafischen Gestaltungen wirklich funktionieren und Investitionen können durch datenvalidierte Zielgruppenoptimierung sowie Customer-Lifetime-Value-Berechnungen gezielter getätigt werden. Je länger sich Unternehmen mit der Auswertung und Nutzung von Daten beschäftigen, umso mehr steigt die Wahrscheinlichkeit, neue Geschäftsfelder zu entdecken bis zu dem Punkt, dass qualitativ hochwertige Daten selbst vermarktet werden.

Unternehmerisch denkende Mitarbeiter sind offen für neue (digitale) Geschäftsfelder und Kooperationsmodelle. Wichtig ist es, aus der Kundenperspektive zu starten, um festzustellen, wie er das Unternehmen wahrnimmt und welche Leistungen er benötigt. Nachfolgend im kurzen Überblick einige Ansätze (nicht nur) für Online-Geschäftsmodelle (Kreutzer et al. 2017):

- Im **Abonnementmodell** (auch Mitglieds- oder Subscription-Modell genannt) erhält der Kunde für einen monatlichen Betrag laufend einen bestimmten Service oder regelmäßig Produkte, ohne sich noch groß um die Auswahl und den Kaufprozess zu kümmern. Über Cloudlösungen können Softwareangebote heute weltweit zu geringen Kosten angeboten werden. Neben Filmen können selbst alltägliche Produkte wie Socken oder Kaffee online im Abonnement bestellt werden. Anstelle von Reifen könnte die garantierte Kilometerleistung verkauft werden, anstatt Maschinen die Produktionsmenge. Der Kreativität sind keine Grenzen gesetzt. Kunden profitieren von einer Vereinfachung und üblicherweise überschaubaren laufenden Kosten. Unternehmen sichern sich die Kundenbeziehung und eine gleichmäßigere Umsatzverteilung.

- **Plattformansätze** vereinen Angebote mehrerer Anbieter, die für eine bestimmte Kundengruppe von Interesse ist. Anstelle von Autos nur zu verkaufen oder zu vermieten denken große Hersteller an Plattformen zur Mobilität. Otto hat schon 2017 den Wandel zum Plattformanbieter beschlossen. Wichtig ist auf längere Sicht, einen möglichst großen Teil der Zielgruppe direkt und dauerhaft zu erreichen. Sofern dieses Ziel durch relevante Angebote und Inhalte zusammen mit Partnern erreicht werden könnte, sollte das geprüft werden.
- **Werbebasierte Modelle** fokussieren sich auf die Vermarktung eigener Webseiten oder auch anderer Marketingmaßnahmen für andere Anbieter. Immer dort, wo Sie ausreichend Kunden erreichen, besteht ein potenzielles Interesse anderer Unternehmen, präsent zu sein und zu investieren. Das kann die eigene Webseite sein, aber auch ein Kundenevent.
- **Bezahlmodelle** für Inhalte bieten interessierten Kunden die Möglichkeit, besonders wertvolle Angebote für einen zusätzlichen Geldbetrag anzubieten. Der Besucher einer Webseite bekommt bestimmte Inhalte kostenlos zur Verfügung gestellt, während er für andere bezahlen muss. Ein konkretes Beispiel für einen solchen Ansatz ist FAZ Plus. Auch im Event- und Kongressbereich wird dieses Konzept umgesetzt, indem beispielsweise der Besuch der Ausstellung kostengünstig ist, während der Besuch des begleitenden Kongressprogramms zusätzlich Geld kostet.
- **Transaktionsbasierte Onlinemodelle** basieren auf der reinen Abrechnung von Produkten oder Dienstleistungen. Beispiele für ersteres sind eBay und Amazon, während Uber und AirBnB für reine Dienstleistungen stehen.
- Beim **E-Commerce** werden Kaufprozesse, die früher offline durchgeführt wurden, nur noch oder alternativ online angeboten. Im Unterschied zum rein transaktionsbasierten Modell verdienen Unternehmen noch an der Marge. Viele Unternehmen, auch im B2B-Bereich, investieren in E-Commerce als zusätzlichem Kanal, um, anfangs beispielsweise im Ersatzteilgeschäft, Kosten einzusparen und gleichzeitig Erfahrungen und Daten zu sammeln.

Jedem Leser werden wahrscheinlich weitere Beispiele einfallen. Der Punkt an der Stelle ist, dass es unzählige Möglichkeiten gibt, außerhalb des bestehenden Geschäftsmodells aktiv zu werden. Unternehmerisch denkende Mitarbeiter beschäftigen sich damit und können zum Intrapreneur werden.

Ein Intrapreneur ist ein Arbeitnehmer, der seine Arbeit mit derselben Einstellung wie ein Unternehmer, ein Entrepreneur, erledigt, obwohl er in eine Organisation eingebunden ist. Der „Angestellten-Unternehmer" sollte bei der Suche nach und der Umsetzung von Ideen freie Hand haben, auch wenn die Ergebnisse seiner Arbeit anders als beim tatsächlichen Unternehmer überwiegend nicht ihm, sondern der Organisation zugutekommen, die allerdings auch das eigentliche Risiko trägt (Onpulson 2018).

Hier gilt es, zwei Perspektiven zu beachten: Die des Mitarbeiters und die der Führungskraft.

Der Mitarbeiter sollte das Gefühl haben, eigene datengestützte Ideen einbringen und bei Zustimmung auch umsetzen zu können.

Die Führungskraft hat die Aufgabe, diesen Prozess zu ermöglichen, Mitarbeiter zu ermutigen, zu fördern und zu belohnen. Dazu gehört, Chancen zu erkennen und im gewissen Maße Risiken bewusst einzugehen. Sie sollte auch bereit sein, Kontrolle abzugeben. Veränderung hat mit Erfahrungen zu tun. Neue Erlebnisse schaffen neue Erfahrungen und daraus resultieren andere Einstellungen, Handlungen und letzten Endes Ergebnisse.

Im Kap. 3 wurde ein Reifegradmodell auf der Basis analytischer Fähigkeiten dargestellt. Im Nachfolgenden soll ein anderes Modell dargestellt werden, das am Beispiel eines aktuell produktzentrierten Herstellers Entwicklungsphasen auf dem Weg zu einem digitalen, datenbasierten Unternehmen aus interner Sicht aufzeigt. In der Praxis hilft eine solche Roadmap, um zu verstehen, wo man als Unternehmen steht und was ein möglicher nächster Schritt ist. Die beschriebenen Phasen müssen dabei nicht zwangsläufig in dieser Reihenfolge und nacheinander erfolgen. Kundendaten unterstützen diesen Prozess und zeigen, was funktioniert und was nicht:

8 Unternehmerisch handeln

- Phase 1: Das Produkt steht im Mittelpunkt. Services werden als Teil des Produktes verkauft. Der Kaufprozess basiert auf Innovationszyklen oder Austausch aufgrund von Verschleiß.
- Phase 2: Services werden als separate Leistung zusammen mit dem Produkt verkauft.
- Phase 3: Eigene Services sind Ausgangspunkt des Vertriebsprozesses. Erste Ansätze Richtung Servicegarantien werden umgesetzt, wobei das Produkt Teil der Lösung ist. Sensoren an Produkten liefern wichtige Daten, um Wartungs- und Instandhaltungsleistungen auch „remote" aus der Ferne zu erbringen.
- Phase 4: Komplementäre Produkte und Dienstleistungen anderer Anbieter werden integriert.
- Phase 5: Aufbau eines Service-Provider-Modells auf Basis garantierter Funktionen oder Verfügbarkeit.
- Phase 6: Etablierung einer herstellerübergreifenden, digitalen Plattformlösung.

Neben den bereits an anderer Stelle beschriebenen Punkten rund um Datenthemen sollte aus Sicht des Mitarbeiters noch eine weitere Voraussetzung gegeben sein: Die Fähigkeit, den wirtschaftlichen Mehrwert datengestützter Ideen und Erkenntnisse verständlich darstellen zu können. Es geht hier nicht um Storytelling, welches im vorigen Kapitel beschrieben wurde, sondern um die Übersetzung von Erkenntnissen und Aktivitäten in finanzielle Kennzahlen.

> **Erfahrungen aus der Praxis**
>
> In der Mitte der 90er-Jahre wechselte ich in die IT- und Telekommunikationsbranche. Damals herrschte Goldgräberstimmung. Das Internet war noch relativ jung, Mobiltelefone wurden weitverbreitet, die Gewinnerwartungen waren unbegrenzt und die Kurse für Technologieaktien kannten nur eine Richtung: nach oben. In den USA explodierte das Börsensegment NASDAQ und die deutsche Börse richtete parallel den „Neuen Markt" ein. Mergers & Acquisitions in Milliardenhöhe waren nichts Besonderes und pumpten weitere Luft in die Spekulationsblase. „Wann ist der nächste Aktiensplit?" war eine beliebte Frage bei Mitarbeitern in der Technologiebranche. Die Marketingabteilungen in vielen Unternehmen investierten große Budgets

> in Messen, Formel-1-Sponsorships, Anzeigenkampagnen und glamouröse Kundenevents.
> Dann kam das Jahr 2000 und die Dotcom- bzw. Internetblase platzte. Die Aktienkurse rauschten nach unten, der visionäre Expansionsdrang wurde ersetzt durch realistische Einschätzungen auf Basis harter Zahlen. Alles wurde auf den Prüfstand gestellt und auch an Marketing wurde die Frage gestellt, was denn der „Return on Investment" sei. Aufgrund des starken Fokus auf Branding in den Vorjahren wurde das Thema Messbarkeit in Bezug auf wirtschaftliche Ergebnisse vernachlässigt. Marketing musste den Preis für dieses Versäumnis in Form erheblicher Personal- und Budgetkürzungen bezahlen.
> Erst in den Folgejahren, unterstützt durch die verstärkte Einführung von CRM-Systemen und der Möglichkeit, digitale Ansätze besser zu messen, gewann das Thema Demand Generation und Marketing ROI an Bedeutung. Heute stehen mit vielen Technologien einschließlich Marketing Automation ganz andere Möglichkeiten zur Verfügung, um den wirtschaftlichen Mehrwert zu verdeutlichen und positiv zu beeinflussen.

Techniken, Kanäle und Trends ändern sich, die wirtschaftlichen Gesetzmäßigkeiten von Unternehmen jedoch nicht. Je besser Marketing den wirtschaftlichen Mehrwert darstellen kann, desto besser wird die Beziehung zur Geschäftsführung, zu Finance, Controlling und Vertrieb. Die Relevanz steigt und damit auch die Möglichkeit zur Einflussnahme sowie Sicherung von Budgets.

Data-Driven Marketing bietet nicht nur die Möglichkeit, bestehende Programme effektiver und effizienter zu gestalten, sondern im Rahmen bestimmter Grenzen auch wirtschaftliche Ergebnisse für die Zukunft vorherzusagen (vgl. Kapitel über Analytics und Reifegrad-Modelle). Wie an anderer Stelle erwähnt, ist dies ein langfristiger Prozess, der eine entsprechende Datenbasis voraussetzt. Vor einem Business Case stehen oftmals einige Use Cases, die getestet, validiert und umgesetzt werden müssen.

Generell gibt es eine Vielzahl von Ansätzen, den Marketing-ROI über datengetriebene Modelle zu verbessern:

- Verbesserung der Umsatzergebnisse durch die gezielte Gewinnung von Neukunden.
- Optimierung der Media-Investitionen über multiple Kanäle.

- Senkung der Kosten für die Kundenakquisition (Customer Acquisition Cost, CAC).
- Identifizierung neuer Kunden durch Web Scoring beziehungsweise „Look-Alike-Ansätzen".
- Customer-Lifetime-Value-Ansätze, die größere Investitionen am Anfang einer Kundenbeziehung auch bei negativem ROI aufgrund zu erwartender Ertragssteigerungen im Zeitablauf rechtfertigen.
- Niedrigere Kosten für Pay-per-Click (PPC) durch Keyword- und SEO-Optimierung.
- Erhöhung der Kauf- und Abschlusswahrscheinlichkeit durch Next-best-Offer auf Basis bisheriger Kundenanalysen.

> Der Marketing Return On Investment (ROI) bezeichnet den monetären Ertrag, der aufgrund gezielter Maßnahmen im Verhältnis zum investierten Budget erreicht wird (Marketing ROI Consulting 2018).

Unternehmerisch denken heißt in Ergebnissen denken. Auch Data-Driven Marketing ist mit Investitionen in Mitarbeiter, Technologie und Organisation verbunden, die sich für das Unternehmen rentieren sollten. Inwieweit haben diese Investitionen geholfen, neue Kunden zu gewinnen, diese zu binden und den Umsatz zu steigern? Konnten die Kosten reduziert werden? Sind wir produktiver geworden? Wenn sich die wirtschaftlichen Ergebnisse nicht verbessern, können Budgets gestrichen und getätigte Entscheidungen infrage gestellt werden.

> **Anregungen, Aktionen und weiterführende Fragen:**
> - Beschäftigen Sie sich mit Modellen zur Entwicklung von Geschäftsmodellen wie beispielsweise Business Model Generation oder Design Thinking.
> - Organisieren Sie Treffen mit Start-ups, um deren Denkweisen und Ansätze kennenzulernen und zu prüfen, was für Ihr Unternehmen anwendbar ist.
> - Holen Sie sich bei Bedarf externe Unterstützung: Investieren Sie in Workshops oder Einzelcoaching, um Veränderungen wirksam anzustoßen.

- Welche Marketingmaßnahmen, bei denen Sie mit einer großen Zahl an Kunden zusammentreffen, wären geeignet, um komplementäre Angebote zu integrieren?
- Haben Sie bereits ein Abonnementmodell oder wäre das für Sie eine Option?
- Was passiert heute, wenn jemand Produkte Ihres Hauses über sprachgesteuerte Dienste kaufen möchte?
- Prüfen Sie Chancen und Voraussetzungen für eine Plattformstrategie als neuen Ansatz oder durch Nutzung einer bestehenden Plattform, auf der sich bereits viele Ihrer Kunden befinden.
- Beschäftigen Sie sich mit möglichen Geschäftspotenzialen rund um das Internet der Dinge.
- Ergreifen Sie die Initiative als Intrapreneur oder schaffen Sie als Führungskraft Entfaltungsmöglichkeiten für Mitarbeiter.
- Lernen Sie, Marketingaktivitäten in wirtschaftliche Ergebnisse zu übersetzen.
- Definieren Sie KPIs, die messbar die Unternehmensergebnisse beeinflussen.
- Kennen Ihre Mitarbeiter den Marketing-ROI als Zielgröße und wissen Sie, wie er positiv beeinflusst werden kann?

Literatur

Kreutzer, R., Neugebauer, T., & Pattloch, A. (2017). *Digital Business Leadership*. Wiesbaden: Springer Gabler.

Marketing ROI Consulting. Definition Marketing ROI und Data-Driven Marketing (2017). www.marketing-roi.eu/glossar. Zugegriffen: 4. Juli 2018.

Onpulson. Definition Intrapreneur. www.onpulson.de/lexikon/intrapreneur. Zugegriffen: 4. Juli 2018.

9

Ethik und die Verantwortung für Daten: Kein Erfolg um jeden Preis

Mein Sohn, sei mit Lust, bei den Geschäften am Tage, aber mache nur solche, dass wir bei Nacht, ruhig schlafen können!
(Thomas Mann, Buddenbrooks).

Zusammenfassung Daten bedeuten Verantwortung. Wer kundenorientiert denkt, missbraucht Daten nicht. Wir brauchen Menschen als mündige Gestalter. Der verantwortungsbewusste Umgang mit Daten kann durch eine Kombination aus gesetzlichen Vorgaben, unternehmensinternen Richtlinien und der richtigen Einstellung bei jedem Mitarbeiter gelingen, wobei Letzteres der wichtigste Faktor ist.

> **Erfahrungen aus der Praxis**
>
> 1987 fand die letzte Vollerfassung der Bürger in Deutschland statt. Damals gab es noch kein Internet. Ich kann mich noch sehr gut an den Aufschrei erinnern, die Protestaktionen und Klagen. Gefragt wurde 1987 unter anderem nach der Wohnung, ihrer Größe und Ausstattung, dem Mietpreis und Untervermietung; nach Religionszu- und Staatsangehörigkeit; nach Schulabschluss und Bildungsstand; Beruf und Arbeitsplatz. Die 80er-Jahre waren geprägt von der Erstarkung sozialer Bewegungen, etwa der Umwelt- und Friedensbewegung. Mit den Grünen war eine neue Partei in den Bundestag eingezogen. Der Widerstand gegen die Volkszählung politisierte und potenzierte sich. Am 1. Mai 1987 schließlich kam es in West-Berlin zu gewalttätigen Konflikten. Auslöser war die Durchsuchung der Räumlichkeiten von Volkszählungsboykotteuren. „Es hätte auch Belfast sein können – aber das sind Bilder aus Berlin-Kreuzberg, aufgenommen in den Morgenstunden nach den wohl schwersten Krawallen, die die Stadt seit Jahren erlebt hat. Offenbar besteht auch ein Zusammenhang mit der Durchsuchung eines alternativen Zentrums, wo die Polizei am Freitag Tausende von Volkszählungs-Boykottaufrufen beschlagnahmt hatte." Auch am 1. Mai 2012 erlebte Berlin-Kreuzberg wieder krawallartige Szenen – wie vor und seit 25 Jahren. Diese besondere Mai-Tradition geht auf die Volkszählung von 1987 zurück (Deutschlandfunk 2012).

Wie haben sich die Zeiten geändert. Während die Menschen noch vor wenigen Jahrzehnten beim Thema Datenschutz auf die Straße gingen, geben wir heute bewusst oder unbewusst ein Vielfaches unserer privaten Daten freiwillig her für ein paar Prozentpunkte Rabatt, etwas mehr Komfort oder die Möglichkeit, mit Freunden einfach in Kontakt zu bleiben. Für die oftmals kostenlose Nutzung dieser Dienste bezahlen wir einen Preis: unsere Daten.

Daten bedeuten Verantwortung. Wer Daten abgibt vertraut darauf, dass sie in seinem Interesse verwendet werden. In der überwiegenden Zahl der Fälle wirkt sich das auch für Unternehmen und Konsumenten positiv aus: Der Endkunde profitiert von maßgeschneiderten, personalisierten Angeboten und Anbieter können Ihre Maßnahmen gezielter einsetzen.

Das sollte jedoch nicht über einige Skandale und missbräuchliche Verwendungen in den letzten Jahren wegtäuschen. Gründe gibt es viele: Gewinnmaximierung, die rücksichtslose Erreichung falscher oder unrealistischer Ziele, politische Absichten oder persönliche Bereicherung.

Bereits bei der Erhebung und spätestens bei der Verwendung kommt die Frage nach ethischem Verhalten auf. Konsumenten und Kunden wissen nicht, welche Daten, die sie heute angeben, ihr Leben zukünftig beeinflussen können. Die Frage der ethischen Nutzung von Daten ist zentral für die zukünftige Gestaltung unserer Gesellschaft – und den Erfolg von Unternehmen. Angesichts der zunehmenden technischen Komplexität, der steigenden Nutzung von Künstlicher Intelligenz (KI) und Blockchain bietet die richtige Ethik einen Weg, um Fehlentwicklungen zu vermeiden.

Mit Ethik wird allgemein der Teilbereich der Philosophie beschrieben, der sich mit der Voraussetzung und den Bewertungen menschlichen Handelns befasst (Otto und Gräf 2017). Hier kann zwischen absoluter, relativer und subjektiver Ethik unterschieden werden.

Die absolute Ethik basiert auf allgemeingültigen Grundsätzen wie beispielsweise den 10 Geboten, dem kategorischen Imperativ von Kant („Handle nur nach derjenigen Maxime, durch die du zugleich wollen kannst, dass sie ein allgemeines Gesetz werde") oder der Nächstenliebe, die unveränderlich, eben „absolut" gelten. Das Verhalten richtet sich an klaren Maßstäben aus und nicht umgekehrt.

Die relative Ethik orientiert sich stärker am Zeitgeist, der einem laufenden Wandel ausgesetzt ist. Maßstäbe und Richtlinien werden angepasst. Manche Einstellungen (und Gesetze), die vor 50 Jahren noch undenkbar waren, sind heute gang und gäbe.

Manche Menschen definieren Ethik relativ in Bezug auf andere, einige auch subjektiv in Bezug auf ihre eigenen Ziele. Hier besteht das größte Gefahrenpotenzial in Bezug auf Missbrauch.

Auch wenn sich allgemeine Ansichten ändern, sollte es immer einen absoluten Teil geben, der unverrückbar sein sollte im Interesse der Menschen. Die Möglichkeit, erfolgreich zu sein, sollte immer abgewogen werden mit den möglichen Konsequenzen aus der Nutzung von Daten: Für Kunden, das Unternehmen und letzten Endes jeden Mitarbeiter selbst.

Was also tun?

Natürlich ist die Politik gefragt, gesetzliche Rahmenbedingungen zu schaffen, um missbräuchliche Verwendung zu ahnden. Die Datenschutzgrundverordnung (DSGVO) ist ein aktuelles Beispiel dafür. Das Thema ist erkannt und Bundespräsident Steinmeier hat richtigerweise auf die Relevanz für Arbeitnehmer und Bürger hingewiesen. „Wir brauchen so etwas wie eine Ethik der Digitalisierung", sagte er auf einer Veranstaltung des Deutschen Gewerkschaftsbundes im Mai 2018 (Heise 2018). Der Zusatz „so etwas wie" zeigt den Gestaltungsbedarf, der aktiv, transparent und nachvollziehbar angegangen werden sollte. Insbesondere die Künstliche Intelligenz wirft relevante Fragen auf. Die verwendeten Algorithmen können unsere Gesellschaft stark beeinflussen und es sollte nachvollziehbar sein, auf Basis welcher Kriterien Entscheidungen getroffen werden (vgl. FAZ online 2018).

Auch Unternehmen sind aufgefordert, notwendige Maßnahmen umzusetzen durch Festschreibung und aktives Leben der Unternehmenswerte. Durch klare Richtlinien, Schulungen und die in vielen Betrieben übliche regelmäßige Bestätigung der Einhaltung durch alle Mitarbeiter – mit den entsprechenden Konsequenzen bei Fehlverhalten. Der Austausch in einer vertrauensgestützten Atmosphäre sollte jederzeit möglich sein, und das Thema aktiv in Besprechungen angesprochen werden. Aus guten und richtigen, letzten Endes auch betriebswirtschaftlichen Gründen: Daten über mich gebe ich nur wem ich vertraue. Wenn Vertrauen verloren geht, kann das erhebliche negative Auswirkungen auf die Unternehmensergebnisse und damit auf alle Mitarbeiter haben.

All diese Maßnahmen sind von Bedeutung und schaffen das richtige öffentliche Bewusstsein, sollten jedoch nicht von der individuellen Verantwortung jedes einzelnen Mitarbeiters ablenken. Papier (beziehungsweise eine Richtlinie im Intranet) ist geduldig und es gibt genügend Beispiele, dass Daten auch bei vorhandenen klaren Vorgaben missbräuchlich verwandt wurden. Es darf keine Schuldabweisung durch Verweis auf Gesetze, Vorgaben oder unethische Ziele geben. Was wir brauchen sind mündige Gestalter. Mitarbeiter, die sich der individuellen Verantwortung bewusst sind, die Bedeutung des Themas erkennen und mögliche sowie bestehende Fehlentwicklungen offen ansprechen. Im Zweifel sollte sich jeder mal auf die andere Seite stellen und sich fragen, ob er damit einverstanden wäre, wenn Daten über ihn entsprechend genutzt würden. Wenn ich Daten habe und veröffentliche, was löse ich dadurch heute oder morgen aus? Das Internet vergisst nichts.

Ein anderes Wort für Ethik ist Menschlichkeit. Der Mensch ist der wichtigste Erfolgsfaktor bei der Digitalisierung in Unternehmen. Er sollte gleichzeitig der wichtigste Maßstab für Erfolg auf Kundenseite sein. Das Handeln sollte stets danach ausgerichtet sein, ob es dem Kunden, also letztendlich auch einem Menschen, dient. Wer so denkt, missbraucht Daten nicht.

Literatur

Deutschlandfunk: Die Angst vor dem „gläsernen Bürger" – Vor 25 Jahren: Volkszählung in der Bundesrepublik. (2012). 25. Mai. www.deutschlandfunk.de/die-angst-vor-dem-glaesernen-buerger.724.de.html?dram:article_id=206950. Zugegriffen: 4. Juli 2018.

FAZ Online. (23. Juni 2018). Wissen sie überhaupt, was sie tun? www.faz.net/aktuell/feuilleton/hoch-schule/ki-forschung-wissen-sie-ueberhaupt-was-sie-tun-15647085.html?GEPC=s5. Zugegriffen: 4. Juli 2018.

Heise: Bundespräsident Steinmeier für „Ethik der Digitalisierung". (2018). 13. Mai. www.heise.de/newsticker/meldung/Bundespraesident-Steinmeier-fuer-Ethik-der-Digitalisierung-4047832.html?xing_share=news. Zugegriffen: 4. Juli 2018.

Otto, P., & Gräf, E. (2017). *Die Ethik der digitalen Zeit*. Berlin: iRights.Media.

The manufacturer's authorised representative in the EU is Springer Nature Customer Service Centre GmbH, Europaplatz 3, 69115 Heidelberg, Germany. If you have any concerns regarding our products, please contact ProductSafety@springernature.com

Printed and bound by CPI Group (UK) Ltd, Croydon, CR0 4YY

25/03/2026

02078190-0004